Traduzidos dos respetivos originais, com introduções e notas explicativas, esta coleção põe o leitor em contacto com textos marcantes da história da filosofia.

Discurso sobre a origem e os fundamentos da desigualdade entre os homens

Título original:
Discours sur l'origine et les fondements de l'inégalité parmi les hommes

Tradução: Hugo Barros

Revisão: Sofia Moura

Capa: FBA

Depósito legal n.º

Biblioteca Nacional de Portugal – Catalogação na Publicação

ROUSSEAU, Jean-Jacques, 1712-1778

Discurso sobre a origem e os fundamentos da desigualdade
entre os homens. – (Textos filosóficos)
ISBN 978-972-44-2114-8

CDU 1

Paginação:
MA

Impressão e acabamento:

para
EDIÇÕES 70, LDA.
Março 2020

EDIÇÕES 70, uma chancela de Edições Almedina, S.A.
LEAP CENTER – Espaço Amoreiras
Rua D. João V, n.º 24, 1.03 – 1250-091 Lisboa – Portugal
e-mail: editoras@grupoalmedina.net

Jean-Jacques
Rousseau

Discurso sobre a origem e os fundamentos da desigualdade entre os homens

70

Nota do tradutor

Conquanto não fosse minha intenção fazer uma tradução crítica do *Discurso sobre a Desigualdade* de Rousseau, a versão final deste texto contém um volume de notas que talvez mereça um breve esclarecimento quanto às opções que orientaram este trabalho.

Em primeiro lugar, recorri à versão definitiva do texto estabelecida pelas edições Gallimard na coleção da «Bibliothèque de la Pléiade», procurando elucidar o sentido de certas passagens mais obscuras e cotejando a versão inglesa *Rousseau: The Discourses and Other Early Political Writings*, editada pela Cambridge na sua série «Cambridge Texts in the History of Political Thought». Isto revelou-se especialmente importante, porque foi necessário atualizar a pontuação do texto para que o leitor contemporâneo conseguisse acompanhar a cadência com mais facilidade. Como se verificaria facilmente lendo o original, a pontuação mostra-se algo distante daquela a que estamos hoje habituados. Não só porque se trata de um texto do século XVIII, mas também porque o propósito da obra era ser lida em público. O ideal seria, de facto, manter a pontuação original, mas isso implicaria um esforço de leitura porventura despropositado para um público do século XXI que a lerá em silêncio. Uma adaptação teve de ser feita.

Em segundo lugar, o aparato crítico presente na versão portuguesa segue de perto as notas da edição crítica de Jean Starobinski. Não tentei ser exaustivo. Pretendi apenas dar algum contexto a certas passagens e satisfazer alguma curiosidade quanto a personagens e lugares referidos por Rousseau. Neste ponto ainda, importa referir que as notas que não são do próprio Rousseau são assinaladas com (*N. do T.*). Um número razoável delas — as mais relevantes e interessantes — é inspirado nas notas de Jean Starobinski. Preferi não as distinguir das minhas para não tornar as referências demasiado confusas. Ao leitor interessado e ao estudioso de Rousseau recomendo a leitura da versão da Pléiade e verificar por si mesmo toda a informação que Jean Starobinski dispensa no volume.

Uma palavra mais. Esta tradução já contém certas adições ao texto feitas por Rousseau na edição de 1782. Estão devidamente assinaladas para que o leitor possa, ainda que superficialmente, verificar a evolução do pensamento de Rousseau relativamente ao *Discurso*. Além disso, e para seguir a regra estabelecida na tradução do *Discurso sobre as Ciências e as Artes*, juntei à obra alguns textos que enquadram a polémica que se seguiu à publicação do *Discurso sobre a Desigualdade*.

Por último, gostaria de deixar um agradecimento especial ao Prof. Roberto Aramayo pela gentileza que demonstrou ao escrever uma introdução para a versão portuguesa desta obra tão importante de Jean-Jacques Rousseau e do pensamento moderno ocidental.

Introdução

Rousseau e a indignação face às desigualdades

ROBERTO ARAMAYO [1]

«Que nenhum cidadão seja tão opulento que possa comprar outro, nem ninguém tão pobre que seja forçado a vender-se.»

(J.-J. Rousseau, *O Contrato Social*)

Enquanto o *Discurso sobre as Ciências* foi premiado pela Academia de Dijon, o *Discurso sobre a Desigualdade* foi

---

(1) Roberto Aramayo é historiador das ideias morais e políticas, professor e investigador no Instituto de Filosofia do Consejo Superior de Investigaciones Científicas. O seu interesse científico centra-se em algumas figuras centrais do Iluminismo europeu, como Rousseau, Diderot, Kant, Leibniz ou Voltaire. Da sua extensa obra, destacam-se os títulos *Crítica de la razón ucrónica. Estudios en torno a las aporías morales*

desqualificado por não ter a extensão adequada e excedê-la largamente, o que não é de estranhar se considerarmos que esta pequena grande obra contém simultaneamente um tratado de antropologia filosófica, uma teoria social e uma idiossincrática filosofia da história. O homem seria naturalmente bom, e a sociedade o lugar originário dos seus males e dos seus vícios, embora só possamos agir moralmente no seu seio. Por outro lado, as hierarquias e as injustiças sociais extremas não resultam das inevitáveis diferenças físicas com que nascemos, mas de perversões ocasionadas por coisas como o dinheiro, o prestígio e o poder.

Para Rousseau, o estado de natureza é tão-somente uma mera hipótese ou experiência intelectual, uma ficção heurística que lhe permite levar a cabo e montar a estrutura da sua reflexão. Na sua opinião, ao examinar os fundamentos da sociedade, todos os filósofos sentiram a necessidade de remontar até ao estado de natureza, mas fizeram-no transferindo para o estado de natureza ideias exclusivas da sociedade, atribuindo ao homem selvagem as características próprias do homem civilizado, ao falar de necessidade, ganância, opressão, desejos e orgulho, tal como mostra no seu *Discurso sobre a Origem e os Fundamentos da Desigualdade entre os Homens*. O mais correto seria ver o homem como foi formado pela natureza, através de todas as alterações produzidas na sua constituição original. Rousseau di-lo do seguinte modo: *idêntica à estátua de Glauco, que o tempo, o mar e as tempestades desfiguraram de tal forma que se assemelhava menos a um deus do que a uma besta feroz, modificada no seio*

---

de Kant, La Quimera del Rey Filósofo (Los dilemas del poder, o el peligroso idilio entre lo moral y la política), Immanuel Kant. La utopía moral como emancipación del azar, e os mais recentes *Voltaire: La ironia contra el fanatismo* (2015), *Rousseau: Y la política hizo al hombre (tal como es)* (2015), *Schopenhauer: La lucidez del pesimismo* (2018), *Kant: Entre la moral y la política* (2018).

da sociedade graças a mil causas em contínuo renascimento, à aquisição de uma miríade de conhecimentos e erros, a alterações provocadas à constituição dos corpos e ao choque contínuo das paixões, tem, por assim dizer, mudado de aparência ao ponto de ser quase irreconhecível.(2)

A Rousseau não parece nada leviana a tarefa de discernir o que há de originário e de artificial na natureza atual do homem. Assim sendo, decide deixar de lado todos os livros científicos que só ensinam a ver os homens tal como eles se fizeram a si próprios, para especular sobre as primeiras e mais simples operações da alma humana, a saber, o princípio da *conservação pessoal* (amor de si) e o princípio da *piedade* ou *compaixão* (amor-próprio), isto é, a repugnância natural que nos inspira ver sofrer um ser dotado de sensibilidade, em particular os nossos semelhantes. Da combinação de ambos os princípios seria possível extrair todas as regras do direito natural, regras que a razão logo restabelecerá sobre outros fundamentos, quando acabar por sufocar a natureza. Um grande estudioso de Rousseau, como é Jean Starobinski, falou da busca constante de um «remédio no próprio mal» — o mal da civilização, da desigualdade e da cultura — como principal guia para explorar o pensamento de Rousseau, um autor para quem o direito natural seria o de não ser maltratado em vão.

Longe de constituir um elogio à nostalgia em prejuízo do homem civilizado e em louvor do bom selvagem, como pretendeu sarcasticamente Voltaire, para o Rousseau do segundo *Discurso*, o estado de natureza representa uma mera hipótese metodológica que ambiciona conhecer «um estado que já não existe, que talvez nunca tenha existido, que provavelmente nunca existirá, e do qual, no entanto, é necessário ter noções precisas para julgar corretamente

---

(2) Ver pág. 40.

o nosso estado presente» ([3]). Rousseau explicita que não advoga a destruição das sociedades, a abolição da propriedade e o regresso à vida nos bosques na companhia dos ursos, como ironizam os seus adversários. Como explicava Kant aos seus alunos de Antropologia, os seus três textos sobre o dano que causou a saída da natureza e o ingresso da nossa espécie na *cultura*, na *civilização* e numa suposta *moralização*, que representam o estado de natureza como um estado de *inocência*, têm o único propósito de servir de fio condutor para sair dos males em que a nossa espécie caiu por sua própria culpa. Com o seu *Discurso sobre as Ciências*, o *Discurso sobre a Desigualdade* e *A Nova Heloísa*, Rousseau não pretendia que o homem *regressasse* ao estado de natureza, mas que *voltasse o olhar* para ele desde o estádio em que agora se encontrava, como sentencia corretamente Kant no final da sua *Antropologia em Sentido Pragmático*.

Mesmo que o homem seja bom por natureza, as mais variadas circunstâncias determinam e alteram involuntariamente os afetos dos nossos corações, pelo que seremos maus e perversos enquanto tenhamos interesse em sê-lo. Como o esforço para corrigir a desordem dos nossos desejos é quase sempre inútil e raramente sincero, o que deve mudar-se não é tanto os nossos desejos quanto as circunstâncias que os produzem, diz-nos Rousseau em *A Nova Heloísa*. Por conseguinte, conviria evitar as circunstâncias que colocam os nossos deveres em oposição aos nossos interesses e que nos mostram qual o nosso bem no mal de outro. O homem civilizado estaria em permanente contradição consigo mesmo, porquanto a voz da sua consciência se vê silenciada pelo tumulto das paixões e dos preconceitos. Os seus sentimentos naturais falam a favor do bem comum, mas a sua razão desenvolvida na e pela sociedade relaciona tudo com o interesse particular.

([3]) Ver pág. 41.

No *Emílio*, Rousseau constata também que aquele que na ordem civil pretenda conservar a primazia dos sentimentos nunca sabe o que quer. Sempre em contradição consigo mesmo, oscilando entre as suas inclinações e os seus deveres, nunca será homem ou cidadão, pelo que não será bom nem para ele nem para os outros. A hipótese metodológica do estado de natureza permite-nos imaginar outra situação distinta onde prima o *amor de si* sem ter, no entanto, entrado em cena o *amor-próprio*. Este último é um sentimento relativo e artificial nascido no seio da sociedade que, paradoxalmente, nos afasta dos outros e nos encerra em nós mesmos. O amor-próprio, ao comparar, nunca está contente nem nunca poderá estar, porque este sentimento que nos faz preferir-nos aos demais exige ao mesmo tempo que os outros nos prefiram a eles, o que é impossível.

Segundo Rousseau, no estado de natureza «as alterações eram tão raras e as ajudas mútuas tão frequentes que desse comércio livre teve de resultar mais benevolência do que ódio, disposição que, juntamente com o sentimento de comiseração e piedade que a natureza gravara em todos os corações, obrigou os homens a viver bastante pacificamente» — lemos num dos seus *Fragmentos Políticos*. Contudo, tudo muda com o aparecimento da sociedade civil, que surge quando a propriedade privada é estabelecida. Embora o *Discurso sobre a Economia Política* reconheça o direito de propriedade como «o mais sagrado de todos os direitos dos cidadãos e mais importante, em certos aspectos, que a própria liberdade», no segundo *Discurso* lemos esta passagem tantas vezes citada: *«Aquele que após ter cercado um pedaço de terra primeiro afirmou, "isto é meu", e encontrou gente bastante simples para nele acreditar, foi o verdadeiro fundador da sociedade civil. Quantos crimes, guerras, assassínios, misérias e horrores não teria poupado ao género humano aquele que, arrancando as estacas ou enchendo a vala, tivesse gritado aos seus semelhantes: "Não deis ouvidos a esse impostor; estais perdidos, se vos esqueceis que os frutos são de todos e que a terra não pertence a ninguém."*» ([4])

Em simultâneo, as comparações geram o amor-próprio e as suas funestas consequências, como é determinado nos *Fragmentos Políticos.* Assim que um homem se compara com os demais converte-se necessariamente no seu inimigo, porque então cada qual, querendo no seu coração ser o mais poderoso, o mais feliz, o mais rico, não pode senão ver qualquer um que tenha o mesmo projeto em si mesmo converter-se num obstáculo para executar esse objetivo. Esta situação produz certas necessidades impostas e supérfluas para cuja satisfação provisória precisa dos outros, de quem, de certa forma, se torne escravo, embora se converta em amo e senhor, já que quando é rico necessita do serviço dos demais e quando é pobre precisa do seu auxílio. Além disso, impelidos pelo amor-próprio a possuir sempre mais, só o conseguem às custas dos outros. As usurpações dos ricos — lê-se no *Discurso sobre a Desigualdade* —, o banditismo dos pobres, as paixões desenfreadas de todos asfixiam a piedade natural e tornam os homens avaros, ambiciosos e pérfidos.

Os ricos levam a impostura ao paroxismo, quando encobrem as vantagens que o direito de propriedade lhes traz e revestindo-as com o manto de uma convenção vantajosa para todos, trocando a usurpação por um genuíno direito e o usufruto por propriedade, como se argumenta n'*O Contrato Social.* Conseguem utilizar as mesmas forças daqueles que os atacam, conseguem converter os seus adversários em seus defensores, inspirando-lhes outras máximas e dotando-se de outras instituições que lhes sejam tão benéficas como contrário lhes era o direito natural, nota o *Discurso sobre a Desigualdade.* Quem seria capaz de não subscrever este programa: «Unamo-nos para preservar

---

([4]) Ver pág. 91.

a opressão sobre os débeis e conter os ambiciosos.» Assim se inventa o Estado. Com a associação pretendia-se assegurar a cada um a posse do que lhe pertence, reparar de algum modo os caprichos da fortuna, submetendo igualmente o poderoso e o fraco a deveres recíprocos.

O pacto social entre ricos e pobres fica selado de uma maneira tremendamente atual, no contexto da crise *económica* que atualmente abala os pilares do Estado de bem-estar europeu e se rende à lógica implacável de certos benefícios tão excessivos como injustificáveis: «Vós — escreve Rousseau — necessitais de mim, porque eu sou rico e vós sois pobres: permitirei que tenhais a honra de servir-me, com a condição de me dares o pouco que vos resta, em virtude do trabalho que vos obrigarei a fazer» — declara o *Discurso sobre Economia Política.* Neste sentido, só importa o dinheiro e este reproduz-se por si mesmo, segundo o conhecido «efeito Mateus»: *a quem mais tem, mais será dado.* Rousseau afirma que o dinheiro é a semente do dinheiro, e a primeira moeda, por vezes, torna-se mais difícil de ganhar do que o segundo milhão. Habitualmente, nota Rousseau nos seus *Fragmentos Políticos,* a riqueza de uma nação propicia a opulência de alguns particulares em prejuízo do público e os tesouros dos milionários aumentam a miséria dos cidadãos. Dando um passo mais na sua impiedosa, e lamentavelmente atual, análise político-sociológica, Rousseau defende, no seu segundo *Discurso,* que os ricos e poderosos só avaliam as coisas de que desfrutam, ao passo que os restantes se veem privados delas e, sem mudar o seu estatuto, deixariam de ser felizes, se o povo deixasse de ser miserável. A famosa nota IX do *Discurso sobre as Origens da Desigualdade,* incluída posteriormente, mostra-se, se isso é possível, ainda mais implacável. Ali lemos o seguinte: *«Admire-se tanto quanto se queira a sociedade humana, que não será menos verdade que ela leva necessariamente os homens a odiar-se mutuamente à medida que os seus interesses se cruzam, a prestar-se mutuamente supostos serviços e, na verdade, a fazer uns aos outros todos os males imagináveis. O que pensar de relações nas quais a razão de qualquer particular lhe dita máximas diretamente contrárias às que a razão pública prega ao corpo da sociedade e onde cada um lucra com a desgraça alheia? Talvez não exista um único homem abastado a quem herdeiros gananciosos, e muitas vezes os seus próprios filhos, não desejem a morte em segredo; nem uma embarcação no mar cujo naufrágio não fosse uma boa notícia para qualquer negociante; nem uma casa comercial que um devedor de má-fé não quisesse ver incinerada com todos os papéis que contém; nem um único povo que não se alegrasse com os desastres do seu vizinho. É assim que encontramos o nosso benefício no prejuízo dos nossos semelhantes e que a perda de um representa quase sempre a prosperidade do outro.* (...) *Comparai sem preconceitos o estado do homem civil com o do homem selvagem, e determinai, se o conseguirdes, quantas novas portas, além da sua maldade, das suas necessidades e misérias, o primeiro abriu à dor e à morte.*» ([5])

Ante semelhante quadro, Rousseau pretende auscultar qual podia ser a verdadeira essência do homem, para levá-la em conta e esboçar instituições políticas adequadas. Todos os filósofos que examinaram os fundamentos da sociedade sentiram a necessidade de recuar até ao estado de natureza, mas nenhum deles chegou até ali. Ele propõe-se encontrar as vias esquecidas e perdidas que a partir do estado de natureza terão levado o homem até ao estado civil, de modo a identificar as paixões artificiais que não têm um fundamento verdadeiro na natureza e discriminar assim a genuína essência em potência que se atualiza quando é determinada por uma ou outra situação. Para isto não vê outra saída além da introspeção, e não convém esquecer que as vivências de Rousseau surgem por todo o lado nos seus textos, como é o caso da desigualdade social.

([5]) Ver pág. 143.

Vejamos outro exemplo. No oitavo passeio d'*Os Devaneios do Caminhante Solitário* lemos o seguinte: «Nunca tive muita propensão para o amor-próprio, mas essa paixão fictícia crescera em mim, na sociedade, e sobretudo quando fui autor; (...) voltando então a ser amor por mim mesmo, reentrou na ordem natural das coisas e libertou-me do jugo da opinião.» ([6]) Reparemos agora nesta passagem do *Discurso sobre a Desigualdade*: «o homem sociável, sempre fora de si, apenas sabe viver na opinião dos outros, e, por assim dizer, é unicamente do seu juízo que tira o sentimento da sua própria existência (...). Em suma, perguntando sempre aos outros o que somos e nunca ousando interrogar-nos a nós próprios».([7]) Na opinião de Rousseau, os governos humanos necessitam de uma base mais sólida do que apenas a razão. Segundo *O Contrato Social* há uma classe de leis que não se gravam no mármore, mas no coração dos cidadãos, e, ao passo que as outras leis caducam, estas mantêm a verdadeira constituição do Estado. Estamos perante a dimensão radical e coesa das comunidades humanas que os costumes promovem.

Como é sabido, Rousseau mostrou-se um acérrimo partidário do estímulo de uma grande classe média para combater a pobreza e as riquezas extremas, alegando que nenhuma lei será capaz de coagir o rico se este conseguir impor o seu poder económico à coação legal, nem tampouco saberá ameaçar um indigente que não tem nada a perder. «As leis — lemos no seu *Discurso sobre Economia Política* — são igualmente impotentes contra os tesouros do rico e contra a miséria do pobre; o primeiro contorna-as, o segundo descura-as, um rompe a tela, o

---

([6]) Tradução portuguesa: Rousseau, *Os Devaneios do Caminhante Solitário*, tradução de Henrique de Barros (Lisboa: Cotovia, 1989), p. 124.

([7]) Ver pág. 128.

outro atravessa-a.» A sua proposta passa por tributar as grandes fortunas para equilibrar as desigualdades abissais e patrocinar uma saudável coesão social. Examinando este tipo de análise, Yves Vargas — no seu *Jean-Jacques Rousseau. El aborto del capitalismo* — assinalou muito recentemente que, embora Marx quisesse ser o coveiro do capitalismo, Rousseau sonhara antes em abortá-lo na sua génese, para evitar que se mantivesse válida esta desoladora descrição do segundo *Discurso*: «... *no homem em sociedade, a questão é completamente diferente. Trata-se primeiramente de prover ao necessário e depois ao supérfluo; de seguida, vêm os prazeres, e depois as imensas riquezas, e depois súbditos, e depois escravos. Não existe um momento de descanso. O que existe de mais singular é que, quanto menos naturais e urgentes são as necessidades, mais as paixões aumentam e, o que é pior, o poder de as satisfazer; de modo que, após longos períodos de prosperidade, após ter engolido um bom número de tesouros e arruinado muitos homens, o meu herói acabará por tudo degolar até que seja o único senhor do universo. É este, em suma, o quadro moral, senão da vida humana, ao menos das pretensões secretas do coração de qualquer homem civilizado.*» ([8])

Bibliografia

Aramayo, Roberto R., *Rousseau. E a política fez o homem (tal como é)* (Lisboa: Atlântico Press: 2015).

Aramayo, Roberto R., *Rousseau y sus ensoñaciones* (Madrid: Plaza y Valdés, 2016).

Aramayo, Roberto R., «Ideales platónicos y ensoñaciones rousseaunianas en el pensamiento político de Kant», *Con-Textos Kantianos* 5 (2017), pp. 236-260.

([8]) Ver pág. 143.

https://www.con-textoskantianos.net/index.php/revista/article/view/231/252

Goyard-Fabre, Simone, *Politique et philosophie dans l'œuvre de Jean-Jacques Rousseau* (Paris, PUF, 2001).

Namer, Gérard, *Le système sociale de Rousseau. De l'inegalité économique à l'inegalité politique* (Paris: L'Harmattan, 1999).

Rousseau, Jean-Jacques, *Œuvres complètes*, 5 vols. (Paris: Gallimard, 1959-1995).

Spector, Céline, *Les paradoxes de l'autonomie démocratique* (Paris: Michalon, 2015).

Starobinski, Jean, *Le Remède dans le mal. Critique et légitimation de l'artifice à l'Âge des Lumières* (Paris: Gallimard, 1989).

Trousson, Raimond e Eigeldinger, Frédéric (orgs.), *Dictionnaire de Jean-Jacques Rousseau* (Paris: Champion, 2006).

Vargas, Yves, *Jean-Jacques Rousseau. L'avortement du capitalisme* (Paris: Éditions Delga, 2014).

Jean-Jacques Rousseau

DISCURSO SOBRE A ORIGEM E OS FUNDAMENTOS DA DESIGUALDADE ENTRE OS HOMENS

Discurso sobre a origem e os fundamentos da desigualdade entre os homens

Non in depravatis sed in his quae bene
secundum naturam se habent,
considerandum est quid sit naturale. (*)

Aristóteles, *Política*, I, 5, 1254a.

(*) «Deveríamos, de preferência, ver o que é natural nos seres cuja condição é conforme à natureza, e não naqueles em que existe corrupção». [Tradução portuguesa: Aristóteles, *Política*, tradução e notas António Campelo Amaral e Carlos de Carvalho Gomes, Livro I, 5 (Lisboa: Vega, 1998) 1254a, pp. 35-37]. (*N. do T.*)

Dedicatória

À República de Genebra

Magníficos, Mui Honrados e Soberanos Senhores,

Convencido de que só ao cidadão virtuoso cabe a obrigação de prestar à sua pátria as honras que ela pudesse reconhecer como suas, há trinta anos que trabalho para merecer prestar-vos uma homenagem pública; e, porque esta feliz ocasião compensa em parte o que os meus esforços não puderam realizar, julguei que talvez me fosse permitido atender aqui ao zelo que me anima mais do que ao direito que me deveria autorizar. Tendo tido a felicidade de nascer entre vós, como poderia eu meditar sobre a igualdade que a natureza estabeleceu entre os homens, e sobre a desigualdade que eles instituíram, sem pensar na profunda sabedoria com a qual uma e outra, afortunadamente combinadas neste Estado, contribuem, da maneira mais próxima à lei natural e mais favorável à sociedade, para a manutenção da ordem pública e para a felicidade dos indivíduos? Quando procurei os melhores princípios que o bom senso pudesse ditar relativamente à constituição de um governo, fiquei tão admirado por vê-los todos em prática no vosso que, mesmo que não tivesse nascido dentro dos vossos muros, teria julgado ser impossível não consagrar esta descrição da sociedade humana àquele que, de todos os povos, me parece possuir as maiores vantagens e mais bem acautelar os seus excessos.

Se tivesse de escolher o lugar do meu nascimento, teria sido meu desejo escolher uma sociedade de uma grandeza limitada à extensão das faculdades humanas, isto é, à possibilidade de ser bem governada, e onde, satisfeito cada um no seu ofício, ninguém fosse obrigado a entregar a outros as funções de que era incumbido; um Estado onde nem os ardis obscuros do vício nem a modéstia da virtude dos indivíduos, posto que se conhecem uns aos outros, se pudessem furtar ao olhar e ao juízo do público, e onde esse hábito agradável de se encontrarem e conhecerem entre si fizesse do amor da pátria, mais do que o da terra, o amor dos cidadãos.

Teria sido meu desejo nascer num país onde o soberano e o povo fossem capazes de ver unicamente um só e o mesmo interesse, para que todos os movimentos da máquina jamais tendessem senão para a felicidade comum. Visto que isto não é possível, a menos que o povo e o soberano sejam uma mesma pessoa, conclui-se que teria preferido nascer sob um governo democrático, sabiamente temperado.

Teria sido meu desejo viver e morrer livre, quer dizer, de tal forma submetido às leis que nem eu nem ninguém pudesse sacudir o seu venerado jugo; esse jugo salutar e aprazível que as cabeças mais honradas suportam tanto mais docilmente quanto mais são feitas para não carregar qualquer outro.

Teria sido meu desejo, pois, que ninguém no Estado fosse capaz de se dizer acima da lei e que ninguém fora dele pudesse impor uma lei que o Estado fosse obrigado a reconhecer. Porque, caso aí se encontrasse um só homem que não estivesse submetido à lei, fosse qual fosse a constituição do governo, todos os outros estariam necessariamente à sua mercê (Nota I); e no caso de haver um chefe nacional e um outro chefe estrangeiro(*), independentemente da partilha de autoridade que estabelecessem, seria impossível que um e outro fossem obedecidos adequadamente e o Estado bem governado.

Não teria sido meu desejo habitar uma república recentemente instituída, por muito que possuísse leis excelentes; e isto receando que, se o governo fosse constituído de um modo diferente daquele que as circunstâncias porventura exigiriam, por não convir aos novos cidadãos ou os cidadãos ao novo governo, houvesse a possibilidade de o Estado ser abalado e destruído quase desde a sua fundação; porquanto com a liberdade acontece o mesmo que com esses alimentos sólidos e suculentos ou vinhos fortes, adequados à alimentação e ao fortalecimento dos temperamentos robustos que a eles estão acostumados, mas que debilitam, arruínam e envenenam os fracos e delicados que não foram feitos para eles. Uma vez habituados a chefes, os povos já não estão em condição de passar sem eles. Se procuram libertar-se do jugo, afastam-se tanto mais da liberdade quanto a tomam por uma licença imoderada que lhe é contrária, com as suas revoluções a entregá-los quase sempre a sedutores que se limitam a reforçar os seus grilhões. O próprio povo romano, esse modelo de todos os povos livres, não teve capacidade para se governar quando se libertou da opressão dos Tarquínios. Diminuído pela escravatura e pelos trabalhos ignominiosos que lhe impuseram, não passava, a princípio, de uma populaça estúpida que era preciso tratar e governar com a maior sabedoria, a fim de que, acostumando-se

---

(*) Refere-se ao Papa. (*N. do. T.*)

pouco a pouco a respirar o ar salutar da liberdade, essas almas debilitadas, ou antes, embrutecidas pela tirania, adquirissem gradualmente aquela severidade de costumes e dignidade que fizeram delas, afinal, o mais respeitável de todos os povos. A minha pátria, portanto, tê-la-ia procurado numa feliz e tranquila república cuja antiguidade se perdeu, por assim dizer, na noite dos tempos; uma pátria que não tivesse experimentado senão ataques propícios a manifestar e a fortalecer nos seus habitantes a coragem e o amor da pátria, e na qual os cidadãos, acostumados há muito a uma sábia independência, fossem não somente livres mas dignos de o ser.

Teria sido meu desejo escolher uma pátria apartada do feroz amor pelas conquistas graças a uma ditosa impotência e preservada do temor de vir ela própria a ser conquistada por um outro Estado por uma ainda mais afortunada localização; uma cidade livre, situada entre muitos povos, nenhum dos quais interessados em invadi-la e todos com interesse em impedir outros de invadi-la; numa palavra, uma república que jamais tentasse a ambição dos seus vizinhos e que pudesse contar razoavelmente com a sua ajuda em caso de necessidade. Daqui se conclui que, graças a uma tão benéfica localização, ela nada mais teria a recear exceto a si mesma, e que caso os seus cidadãos se exercitassem nas armas, isso serviria mais para manter entre eles esse espírito guerreiro e esse orgulho corajoso que se amolda tão bem à liberdade e lhe mantém o gosto por ela do que para prover à sua necessária defesa.

Teria procurado um país onde o direito de legislar fosse comum a todos os cidadãos; quem melhor do que eles para saber quais as condições mais adequadas à vida conjunta numa mesma sociedade? Mas não teria aprovado plebiscitos idênticos aos dos Romanos, em que os chefes do Estado, e aqueles mais interessados na sua conservação, estavam excluídos das deliberações, das quais não raro dependia a sua segurança, e em que, por uma absurda incoerência, os magistrados se viam privados dos direitos de que gozavam os cidadãos comuns.

Pelo contrário, para impedir os projetos sectários e mal concebidos, e as inovações perigosas que desgraçaram, afinal de contas, os atenienses, teria sido meu desejo que ninguém detivesse o poder de propor novas leis de acordo com a sua imaginação; que esse direito pertencesse apenas aos magistrados; inclusive, que o usassem com tanta circunspeção que o povo, por sua vez, evitasse dar o seu consentimento a essas leis e que a promulgação requeresse realizar-se com tanta solenidade que, antes que a constituição sofresse qualquer abalo, houvesse tempo para compreender que é sobretudo a grande antiguidade das leis que as torna santas e veneráveis, que o povo prontamente despreza aquelas que vê todos os dias alterar-se e que se introduzem amiúde grandes males para corrigir outros menores quando se toma o costume de descurar os usos antigos com o pretexto de fazer melhor.

Acima de tudo, teria fugido, porque necessariamente mal governada, de uma república em que o povo, acreditando poder prescindir dos seus magistrados ou conferindo-lhes apenas uma autoridade precária, tivesse imprudentemente conservado para si a administração dos negócios civis e a execução das suas próprias leis; terá sido assim a constituição rudimentar dos primeiros governos que saíram imediatamente do estado de natureza, tendo sido esse também um dos vícios que levaram à ruína da república de Atenas.

No entanto, teria escolhido uma em que os indivíduos, satisfeitos por sancionarem as leis e por decidirem os mais importantes assuntos públicos como um corpo único e sob recomendação dos chefes, estabelecessem tribunais respeitados, distinguindo cuidadosamente os seus diversos departamentos, elegessem anualmente os mais capazes e os mais íntegros dos seus concidadãos para administrar a justiça e governar o Estado; e uma em que a virtude dos magistrados testemunhasse a sabedoria do povo, uns e outros honrando-se mutuamente. De sorte que, se alguma vez um trágico mal-entendido viesse perturbar a harmonia pública, até nesses tempos de cegueira e de erros fosse possível vislumbrar testemunhos de moderação, de estima recíproca e de um comum respeito pelas leis ou presságios e garantias de uma reconciliação sincera e perene.

São estes, *Magníficos, Mui Honrados e Soberanos Senhores*, os benefícios que procuraria na pátria que para mim escolhesse. E se a esses a Providência juntasse uma localização agradável, um clima temperado, um país fértil e a mais bela paisagem deste mundo, não desejaria, para cúmulo da minha felicidade, senão o desfrutar de todos esses bens no seio dessa ditosa pátria, vivendo placidamente numa sociedade pacífica com os meus concidadãos, exercendo para com eles, e segundo o seu exemplo, a humanidade, a amizade e todas as virtudes, deixando à posteridade a honrosa memória de um homem de bem e de um honesto e virtuoso patriota.

Se, por infelicidade ou por uma sensatez demasiado tardia, me visse condenado a acabar noutros climas uma carreira falhada e indolente, lamentando em vão o repouso e a paz que uma imprudente juventude me tivesse privado, teria, pelo menos, alimentado na minha alma esses mesmos sentimentos que não pude exercitar no meu país e, imbuído de uma afeição terna e desinteressada pelos meus concidadãos distantes, ter-lhes-ia dirigido, do fundo do meu coração, mais ou menos o seguinte discurso.

Meus caros concidadãos, ou antes meus irmãos, já que os laços de sangue, como as leis, nos unem a quase todos, é para mim um prazer não poder pensar em vós sem pensar, ao mesmo tempo, em todos os bens de que gozais e dos quais nenhum de vós porventura sente melhor a recompensa do que eu, que os perdi. Quanto mais reflito sobre a vossa situação política e civil, menos consigo imaginar que a natureza das coisas humanas possa admitir uma melhor. Em todos os outros governos, quando a questão consiste em assegurar o maior bem do Estado, reduz-se sempre tudo a ideias de projetos e, quando muito, a meras possibilidades. Para vós a felicidade está completa, basta usufruir dela, e, para serdes inteiramente felizes, será necessário tão-só que saibais contentar-vos em sê-lo. A vossa soberania, adquirida ou reconquistada na ponta da espada, e conservada ao longo de dois séculos à força de valor e de sabedoria, é, por fim, plena e universalmente reconhecida. Honrosos tratados fixam as vossas fronteiras, mantêm os vossos direitos e asseguram a vossa segurança. A vossa constituição é excelente, ditada pela razão mais sublime e garantida por potências amigas e respeitáveis; o vosso Estado é tranquilo, não tendes guerras ou conquistadores a temer; não tendes outros senhores senão leis sábias que concebestes, administradas por magistrados íntegros escolhidos por vós; não sois demasiado ricos para vos deixardes debilitar pela indolência e para perderdes o gosto pela verdadeira felicidade e sólidas virtudes em prazeres estéreis, tampouco demasiado pobres para terdes necessidade de assistência externa, além daquela que a vossa indústria vos assegura; e essa preciosa liberdade, que não se preserva nas grandes nações senão graças a impostos exorbitantes, quase nada vos custa a conservar.

Que uma república tão sábia e vantajosamente estabelecida dure para sempre, para felicidade dos seus cidadãos e exemplo dos povos! É este o único voto que vos resta fazer, e o único cuidado que vos resta tomar. Doravante, só vós sereis capazes, não de promover a vossa felicidade — os vossos antepassados pouparam-vos a esse problema —, mas de torná-la duradoura pelo modo sábio como a usarem. É da vossa união, da obediência às leis, do respeito pelos seus ministros, que a vossa conservação depende. Se persiste entre vós a menor semente de azedume e desconfiança, apressai-vos a destruí-la como um fermento nocivo de onde resultassem, mais cedo ou mais tarde, as vossas desgraças e a ruína do Estado. Rogo-vos a todos que perscrutem o fundo do vosso coração e auscultem a secreta voz da vossa consciência. Conhecerá algum de vós no universo um corpo mais íntegro, mais esclarecido, mais respeitável do que o da vossa magistratura? Não vos darão todos os seus membros o exemplo da moderação, da simplicidade de costumes, do respeito pelas leis e da mais sincera reconciliação? Concedei, pois, sem reserva, a tão sábios chefes, essa salutar confiança que a razão deve à virtude; imaginai que são escolha vossa, que a justificam, e que as honras devidas àqueles que vós constituístes como dignitários recaem necessariamente sobre vós próprios. Nenhum de vós é tão pouco esclarecido que ignore que, onde cessam o vigor(*) das leis e a autoridade dos seus defensores, não pode existir segurança ou liberdade para ninguém. Então, de que se tratará, entre vós, senão de fazer, de boa vontade e com uma confiança legítima, aquilo que seríeis sempre obrigados a fazer por um verdadeiro interesse, por dever e pela razão? Jamais permitais que, em caso de necessidade, uma condenável e trágica indiferença pela conservação da Constituição vos leve a negligenciar os sábios conselhos dos mais esclarecidos e mais zelosos de entre vós. Mas que a equidade, a moderação, a mais respeitosa firmeza continuem a reger todas as iniciativas e a exibir-vos a todo o universo como exemplo de um povo orgulhoso e modesto, tão ávido da sua glória quanto da sua liberdade. Evitai, sobretudo, e será este o meu último conselho, dar ouvidos a interpretações sinistras e discursos inflamados cujos motivos secretos são, muitas vezes, mais perigosos do

(*) Corrigido para *rigor* na edição de 1782. (*N. do T.*)

que as ações que originam. Uma casa desperta e alarma-se aos primeiros sinais de um guardião bom e fiel que ladra tão-somente ao aproximar dos ladrões; mas é detestável a importunidade desses animais ruidosos que perturbam continuamente o repouso público, e cujos avisos incessantes e inapropriados nem sequer se fazem ouvir na hora em que são necessários.

E vós, *Magníficos e Mui Honrados Senhores*, vós, dignos e respeitados magistrados de um povo livre, permiti-me oferecer-vos, em particular, a minha homenagem e a minha estima. Se há no mundo um lugar apropriado a distinguir aqueles que o ocupam, será sem dúvida o lugar que os talentos e a virtude atribuem, aquele do qual vos tornastes dignos e ao qual os vossos concidadãos vos elevaram. O seu próprio mérito acrescenta ao vosso um novo brilho e, porque fostes escolhidos por homens capazes de governar outros, para a eles mesmos os governardes, situo-vos tão acima dos outros magistrados quanto um povo livre — e acima de todos aquele que tendes a honra de liderar — se situa, em virtude do seu esclarecimento e razão, acima da populaça dos outros Estados.

Permitam-me citar um exemplo que deveria ter deixado uma recordação mais viva, e que estará para sempre presente no meu coração. É-me impossível lembrar, sem a mais feliz emoção, a memória do virtuoso cidadão ao qual devo a minha vida e que, na minha infância, tantas vezes alimentou o respeito que vos era devido. Encontro-o ainda vivendo do trabalho das suas mãos e nutrindo a alma com as verdades mais sublimes. Vejo Tácito, Plutarco e Grócio diante dele, misturados com os instrumentos do seu trabalho. Vejo ao seu lado um filho querido receber, com muito pouco proveito, as afetuosas instruções do melhor dos pais. Mas, se os devaneios de uma juventude louca me fizeram esquecer durante algum tempo tão sábias lições, tenho a felicidade de sentir, enfim, que, seja qual for a inclinação que se tenha para o vício, é difícil que continue perdida para sempre uma educação que inspirou o coração.

São estes, *Magníficos e Mui Honrados Senhores*, os cidadãos e até os simples residentes nascidos no Estado que governais; são estes aqueles homens instruídos e sensatos sobre os quais têm ideias tão vulgares e falsas nas outras nações, onde são chamados de operários e de povo. O meu pai, admito-o com satisfação, não se distinguia entre os seus concidadãos; ele era apenas aquilo que todos são e, assim como era, não há país onde a sua companhia não fosse mais procurada, cultivada, inclusive com proveito, pelas pessoas mais honestas. Não me compete, e graças a Deus não é preciso, falar-vos da estima que homens com este caráter podem esperar de vós, vossos iguais pela educação como pelos direitos da natureza e do nascimento; inferiores a vós por sua própria vontade, pelo privilégio que creditavam ao vosso mérito, que vos reconheceram, e pelo qual lhes deveis, quanto a vós, alguma espécie de gratidão. Sei, com uma intensa satisfação, a doçura e condescendência com que temperais a severidade natural aos ministros da lei nas vossas relações com eles; a estima e atenções que lhes retribuis pela obediência e deferência que vos devem; conduta plena de justiça e sabedoria propícia a afastar gradualmente a memória de acontecimentos infelizes que devemos esquecer para não mais relembrar; uma conduta tanto mais justa, quanto este povo reto e generoso faz do seu dever um prazer, com que naturalmente gosta de vos honrar, sendo o mais fervoroso defensor dos seus direitos e o que mais se inclina a respeitar os vossos.

Não deve constituir surpresa que os chefes de uma sociedade civil amem a sua glória e felicidade, mas deve ser bastante surpreendente, para a paz de espírito dos homens, que aqueles que se consideram a si mesmos como os magistrados, ou antes, como os mestres de uma pátria mais santa e mais sublime, testemunhem um qualquer amor pela pátria terrestre que os sustenta. O prazer que me dá ser capaz de abrir uma tão rara exceção em nosso favor e colocar ao nível dos nossos melhores cidadãos estes ciosos depositários dos dogmas sagrados autorizados pelas leis, estes veneráveis pastores das almas, cuja viva e doce eloquência leva tanto melhor as máximas dos Evangelhos aos corações dos homens quanto são sempre eles os primeiros a praticá-las! Toda a gente conhece o sucesso com que a grande arte da oratória é cultivada em Genebra; mas, porque demasiado acostumadas a ouvir dizer de uma maneira e a fazer de outra, poucas pessoas sabem até que ponto o espírito do Cristianismo, a santidade dos costumes, a severidade para consigo mesmos e a doçura para com outrem, reinam nos corpos dos nossos ministros. Talvez caiba unicamente à cidade de Genebra ser o exemplo edificante de uma tão perfeita união entre uma sociedade de teólogos e de homens de letras. Em grande medida, é na sua reconhecida sabedoria e moderação, no seu zelo pela prosperidade do Estado que firmo a esperança da sua eterna tranquilidade; e noto, com um prazer transido de espanto e de respeito, o horror que manifestam pelas máximas terríveis desses homens sagrados e bárbaros, de que a História fornece mais do que um exemplo, e que, fingindo defender os direitos de Deus, isto é, os seus próprios interesses, poupavam tanto menos o sangue dos homens quanto mais se vangloriavam de que o seu seria sempre respeitado.

E como esquecer essa preciosa metade da república que faz a felicidade da outra, e cuja doçura e sabedoria garante nela a paz e os bons costumes? Amáveis e virtuosas cidadãs, o destino do vosso sexo será sempre o de governar o nosso. Quão afortunadas sois, quando o vosso casto poder exercido apenas na união conjugal se faz sentir unicamente em prol da glória do Estado e da felicidade pública. Era assim que as mulheres comandavam em Esparta, e é assim que vós mereceis comandar em Genebra. Que homem bárbaro resistiria à voz da honra e da razão na boca de uma terna esposa; e quem não desprezaria um luxo supérfluo depois de olhar para a vossa indumentária simples e modesta que, pelo brilho que de vós recebe, mostra ser a mais favorável à beleza? Cabe-vos conservar sempre, através da vossa amável e inocente influência e espírito insinuante, o amor das leis do Estado e a concórdia entre os cidadãos; de reunir, por meio de felizes matrimónios, as famílias divididas; e, sobretudo, de corrigir, através da persuasiva doçura das lições e da graciosidade modesta da vossa conversação, as manias que os nossos jovens vão adquirir noutros países, de onde, em lugar de tantas coisas úteis de que poderiam beneficiar, trazem somente, com um tom pueril e ares ridículos tomados entre mulheres perdidas, a admiração de não sei que pretensas grandezas, frívolas compensações da servidão que jamais valerão a augusta liberdade. Sede, pois, o que fostes sempre, as castas guardiãs dos costumes e dos brandos laços da paz, e continuai a fazer valer em todas as ocasiões os direitos do coração e da natureza em prol do dever e da virtude.

Ao fundar a esperança da felicidade comum dos cidadãos e da glória da república sobre tais garantias, orgulho-me de não ser desmentido pelos acontecimentos. Admito que, com todos estes benefícios, ela não brilhará com esse fulgor que impressiona a maioria dos olhares e terá no gosto pueril e nocivo o mais mortal inimigo da felicidade e da liberdade. Que uma juventude dissoluta vá procurar noutro lugar prazeres fáceis e longos remorsos; que os supostos homens de gosto admirem noutros locais a grandeza dos palácios, a beleza dos trajes, o mobiliário soberbo, a pompa dos espetáculos e todos os refinamentos da indolência e do luxo. Em Genebra não se encontrarão senão homens, mas um tal espetáculo tem evidentemente o seu preço, e aqueles que o procurarem valerão certamente tanto quanto aqueles que admiram o resto.

Dignai-vos todos, *Magníficos, Mui Honrados e Soberanos Senhores*, receber, com a mesma bondade, os respeitosos testemunhos do interesse que sinto pela vossa prosperidade comum. Se incorro no infortúnio de ser culpado de algum entusiasmo excessivo nesta viva efusão do meu coração, rogo-vos que o perdoeis à conta da amorosa afeição de um verdadeiro patriota e do zelo apaixonado e legítimo de um homem que não conhece felicidade maior para ele senão a de vos ver a todos felizes.

Sou, com o mais profundo respeito,
Magníficos, Mui Honrados e Soberanos Senhores,
o vosso humilde e mui obediente servidor e concidadão.

Chambéry, 12 de junho de 1754,

JEAN-JACQUES ROUSSEAU

Prefácio

De todos os conhecimentos humanos, o mais útil e menos desenvolvido parece-me ser o relativo ao homem (Nota II), e atrevo-me a afirmar que a inscrição simples do templo de Delfos(*) continha um preceito mais importante e difícil do que todos os grossos volumes dos moralistas. Por conseguinte, considero o tema deste Discurso como uma das questões mais interessantes que a filosofia pode propor e, infelizmente para nós, umas das mais espinhosas que os filósofos têm de resolver. De facto, como conhecer a origem da desigualdade entre os homens, sem começar por conhecê-los a eles mesmos? E de que modo chegará o homem a ver-se tal como a natureza o formou, através de todas as modificações que a sucessão dos tempos e das coisas terá produzido na sua constituição original, e a distinguir entre aquilo que possui do seu próprio fundo e o que as circunstâncias e os seus progressos acrescentaram ou alteraram ao seu estado primitivo? A alma humana, idêntica à estátua de Glauco, que o tempo, o mar e as

(*) «Conhece-te a ti mesmo». (*N. do T.*)

tempestades desfiguraram de tal forma que se assemelhava menos a um deus do que a uma besta feroz, modificada no seio da sociedade graças a mil causas em contínuo renascimento, à aquisição de uma miríade de conhecimentos e erros, a alterações provocadas à constituição dos corpos e ao choque contínuo das paixões, tem, por assim dizer, mudado de aparência ao ponto de ser quase irreconhecível; e em lugar de um ser que age sempre por princípios certos e invariáveis, em lugar dessa simplicidade celestial e majestosa impressa pelo seu autor, nela já não se encontra senão o contraste disforme entre a paixão que julga refletir e o entendimento que delira.

Mais cruel ainda é o facto de todos os progressos da espécie humana o afastarem continuamente do seu estado primitivo, de quanto mais acumulamos conhecimentos novos, mais eliminamos os meios de adquirir o mais importante conhecimento de todos, e de, em certa medida, ser à força de estudar o homem que nos tornamos incapazes de o conhecer.

Percebe-se facilmente que é nestas modificações sucessivas da constituição humana que se deve procurar a primeira origem das diferenças que distinguem os homens, que, por um comum acordo, são naturalmente tão iguais entre eles quanto o eram os animais de cada espécie antes das diversas causas físicas terem introduzido em algumas delas as variedades que observamos neles. De facto, não é concebível que estas primeiras modificações, seja qual for o modo pelo qual ocorreram, tenham alterado ao mesmo tempo e da mesma maneira todos os indivíduos da espécie; antes, ao passo que uns se terão aperfeiçoado ou deteriorado e adquirido diversas qualidades, boas ou más, que não eram inerentes à sua natureza, outros continuaram muito mais tempo no seu estado original; e foi esta a primeira causa da desigualdade entre os homens, a qual é mais fácil de demonstrar deste modo, numa perspetiva geral, do que apontando-lhe com exatidão as verdadeiras causas.

Que os meus leitores não pensem, pois, que ouso vangloriar-me por ter visto o que me parece tão difícil de ver. Avancei com alguns argumentos, arrisquei algumas conjeturas, menos na esperança de resolver a questão do que na intenção de iluminá-la e reduzi-la ao seu verdadeiro estado. Outros poderão sem dificuldade ir mais longe pelo mesmo caminho, sem que se torne fácil a alguém chegar ao fim. Porque, não é tarefa ligeira destrinçar entre o que existe de originário e de artificial na atual natureza do homem, e conhecer perfeitamente um estado que já não existe, que talvez nunca tenha existido, que provavelmente nunca existirá, e do qual, no entanto, é necessário ter noções precisas para julgar corretamente o nosso estado presente. Àquele que tentasse determinar com exatidão as precauções a tomar para realizar sólidas observações sobre este objeto, seria necessário, na realidade, mais filosofia do que se imagina; e uma boa solução para o problema que se segue não me pareceria indigna dos Aristóteles e Plínios do nosso século: *que experiências seriam necessárias para chegar a conhecer o homem natural, e quais são os meios que permitem realizar essas experiências no seio da sociedade?* Longe de procurar resolver este problema, julgo ter refletido bastante sobre o assunto para arriscar responder, de antemão, que os maiores filósofos não serão suficientemente bons para dirigir essas experiências, nem os mais poderosos soberanos para as realizar; colaboração essa que é pouco razoável esperar, sobretudo com a perseverança, ou melhor, o contínuo esclarecimento e boa vontade necessários, de um lado e de outro, para ter sucesso.

Estas investigações tão difíceis de levar a cabo, e nas quais se meditou tão pouco até aqui, são todavia os únicos meios que nos restam para solucionar uma multiplicidade de dificuldades que afastam de nós o conhecimento dos fundamentos reais da sociedade humana. É essa ignorância da natureza do homem que lança tanta incerteza e obscuridade sobre a verdadeira definição do direito natural: porque a ideia do direito, diz Burlamaqui(*), e mais ainda a do direito natural, são manifestamente ideias relativas à natureza do homem. Sendo assim, continua ele, é dessa mesma natureza do homem, da sua constituição e do seu estado que os princípios dessa ciência se devem deduzir.

Não é sem surpresa e escândalo que se nota o pouco acordo que reina entre os diversos autores que refletiram sobre esta importante matéria. Entre os mais sérios escritores, é com dificuldade que se encontram dois que tenham a mesma opinião sobre este ponto. Sem falar dos antigos filósofos, que parecem ter feito questão de se contradizer a propósito dos princípios mais fundamentais, os jurisconsultos romanos submetem indiferentemente o homem e todos os outros animais à mesma lei natural, porque consideram, sob este nome, a lei que a natureza impõe a si mesma ao invés daquela que prescreve; ou antes, em razão da aceção particular segundo a qual estes jurisconsultos entendem a palavra «lei», que, desta feita, parecem ter assumido unicamente como a expressão de relações gerais estabelecidas pela natureza entre todos os seres animados para sua comum conservação. Os modernos, por conseguinte, porque não reconhecem sob o nome de «lei» senão uma regra prescrita a um ser moral, isto é, um ser inteligente, livre e considerado a partir das suas relações com outros seres, reduzem a jurisdição da lei natural ao único animal dotado de razão, ou seja, ao homem; no entanto, quando definem essa lei cada um à sua maneira, estabelecem-na sobre princípios tão metafísicos que há, mesmo entre

(*) Jean-Jacques Burlamaqui (1694-1748), professor da Academia de Genebra, autor de *Principes du droit naturel*, *Principes du droit politique*. (*N. do T.*)

nós, pouquíssimos indivíduos capazes de compreender estes princípios, para não falar já em descobri-los por eles próprios. De modo que todas as definições destes homens instruídos, de resto, em perpétua contradição entre si, concordam tão-somente nisto: que é impossível entender a lei da natureza e, portanto, de lhe obedecer, sem ser um notável pensador e um metafísico profundo. O que significa, precisamente, que os homens tiveram de empregar, para o estabelecimento da sociedade, um conhecimento que não se desenvolve senão à custa de grandes esforços e entre muito poucos no seio da própria sociedade.

Conhecendo tão pouco a natureza e concordando tão pouco acerca do sentido da palavra «lei», seria muito difícil concordar sobre uma boa definição da lei natural. Além disso, todas as que se encontram nos livros, para lá do defeito de não serem uniformes, têm ainda o defeito de serem extraídas de múltiplos saberes que os homens não possuem naturalmente, e de vantagens cuja ideia não podem conceber senão após saírem do estado de natureza. Temos o hábito de começar por investigar as regras sobre as quais seria bom que os homens concordassem para vantagem comum; e depois dá-se o nome de lei natural à coleção destas regras, sem outra prova além do bem que se imagina que resultaria da sua prática universal. Eis seguramente uma maneira muito cómoda de criar definições e de explicar a natureza das coisas mediante conformidades quase arbitrárias.

Mas assim como não conheceremos o homem natural, é em vão que ambicionamos determinar a lei que terá recebido ou que melhor se adequaria à sua constituição. Tudo o que podemos ver muito claramente a propósito desta lei, é que ela, para ser uma lei, precisa que a vontade daquele que a ela se submete o faça com conhecimento; além disso, precisa ainda, para ser natural, que fale imediatamente através da voz da natureza.

Descartando, por isso, todos os livros científicos que nos ensinam apenas a ver os homens tal como eles se fizeram, e refletindo sobre as primeiras e mais simples operações da alma humana, creio ver nela dois princípios anteriores à razão, um que nos leva a interessar-nos ardentemente pelo nosso bem-estar e pela nossa própria conservação, outro que nos inspira uma natural repugnância quando vemos morrer ou sofrer qualquer ser sensível, e principalmente os nossos semelhantes. É da cooperação e da combinação que o nosso espírito consegue estabelecer entre estes dois princípios, sem que seja necessário acrescentar o da sociabilidade, que julgo decorrerem todas as regras do direito natural; regras que a razão se vê depois forçada a restabelecer sobre outros fundamentos, quando, pelos seus desenvolvimentos sucessivos, chega ao ponto de sufocar a natureza.

Não temos, portanto, a obrigação de fazer do homem um filósofo antes de fazer dele um homem; os seus deveres para com outrem não lhe são ditados em exclusivo pelas tardias lições da sabedoria; e enquanto não resistir ao impulso interior da comiseração, jamais maltratará outro homem ou qualquer ser sensível, salvo no caso legítimo em que, sentindo a sua integridade em causa, se obriga a dar a si próprio a preferência. Por este meio, também as antigas disputas acerca da participação dos animais na lei natural se dão por findas. Porque torna-se claro que, destituídos de inteligência e liberdade, não podem reconhecer essa lei; mas partilhando, em certa medida, da nossa natureza pela sensibilidade de que são dotados, julgar-se-á que devem igualmente participar no direito natural e que o homem está sujeito para com eles a alguma espécie de dever. Na verdade, se estou obrigado a não maltratar o meu semelhante, parece que se deve menos ao facto de ser um ser racional do que de ser um ser sensível; qualidade que, sendo comum ao animal e ao homem, deve, quando muito, dar a um o direito de não ser maltratado inutilmente pelo outro.

Esse mesmo estudo do homem original, das suas verdadeiras necessidades e dos princípios fundamentais dos seus deveres, revela-se também o único meio seguro que se pode empregar para pôr fim a estas inúmeras dificuldades que se apresentam a propósito da origem da desigualdade moral, dos verdadeiros fundamentos do corpo político, dos direitos recíprocos dos seus membros e sobre mil outras questões similares, tão importantes quanto mal esclarecidas.

Quando se observa a sociedade humana com um olhar sereno e desapaixonado, ela não parece mostrar inicialmente senão a violência dos homens poderosos e a opressão dos fracos. O espírito revolta-se contra a dureza dos primeiros, deplora a cegueira dos segundos, e como entre os homens nada é menos estável do que estas relações exteriores geradas mais vezes pelo acaso do que pela sabedoria, e às quais chamamos fraqueza ou força, riqueza ou pobreza, as instituições humanas parecem, à primeira vista, fundadas sobre um amontoado de areia movediça. Só quando as examinamos de perto, só depois de removidas a poeira e a areia que cobrem o edifício é que vislumbramos a base inabalável na qual está construído e aprendemos a respeitar os seus fundamentos. Pois bem, sem o estudo sério do homem, das suas faculdades naturais e dos seus desenvolvimentos sucessivos, jamais se chegará a fazer estas distinções e a separar, na atual constituição das coisas, entre aquilo que a vontade divina engendrou e o que a arte humana almejou realizar. As investigações políticas e morais resultantes da importante questão que examino aqui são, pois, úteis em todos os seus aspetos, e a hipotética história dos governos é, para o homem, uma lição instrutiva em todos os sentidos. Quando se considera aquilo em que nos teríamos tornado se abandonados a nós próprios, devemos aprender a bendizer aquele cuja mão beneficente, corrigindo as nossas instituições e dando-lhe uma base inabalável, acautelou as desordens que delas resultariam, gerando a nossa felicidade a partir de meios que pareciam destinados a consumar a nossa miséria.

> *Quem te Deus esse*
> *Jussit, et humana qua parte locatus es in re,*
> *Disce.* ([1])

([1]) «Aprende o que Deus ordenou que sejas, e onde é o teu lugar no mundo humano» (Pérsio, *Sátiras*, III).

Questão
proposta pela Academia de Dijon:

Qual a origem da desigualdade entre os homens e se ela é autorizada pela lei natural.

Advertência sobre as notas

Acrescentei algumas notas a esta obra, de acordo com o meu indolente modo de trabalhar, por impulsos. Por vezes, estas notas desviam-se bastante do tema, não sendo por isso adequado lê-las ao mesmo tempo que o texto. Releguei-as, portanto, para o final do Discurso, no qual tratei de seguir o melhor que pude o caminho mais curto. Aqueles que tiverem a coragem de recomeçar, poderão entreter-se uma segunda vez, experimentando percorrer as notas. Pouco mal fará aos que não as lerem de todo.

Discurso sobre a origem e os fundamentos da desigualdade entre os homens

É sobre o homem que devo falar, e o problema que examino diz-me que irei falar a homens, porquanto ninguém se propõe discutir tais assuntos quando receia honrar a verdade. É com confiança, pois, que defenderei a causa da humanidade diante dos sábios que a isso me convidam, e não ficarei descontente comigo se me revelar digno do meu tema e dos meus juízes.

Concebo duas espécies de desigualdades na espécie humana: uma, a que chamo natural ou física, porque é estabelecida pela natureza, e que consiste na diferença de idades, de saúde, de força do corpo e das qualidades do espírito ou da alma; a outra, que se pode chamar de desigualdade moral ou política, porque depende de uma espécie de convenção estabelecida, ou quando muito autorizada pelo consentimento dos homens, consiste nos diferentes privilégios, de que alguns gozam em prejuízo de outros, como o de serem mais ricos, mais venerados, mais poderosos do que eles, ou mesmo o de se fazerem obedecer.

Não faz sentido perguntar qual a origem da desigualdade natural, porque a resposta se encontraria enunciada na simples definição da palavra. Faria ainda menos sentido investigar a possível existência de uma qualquer ligação essencial entre as duas desigualdades, porque isso seria perguntar por outras palavras se aqueles que comandam valem necessariamente mais do que aqueles que obedecem, e se a força do corpo e do espírito, a sabedoria e a virtude, se manifestam sempre nos mesmos indivíduos, em proporção à sua força e riqueza: uma questão que talvez seja pertinente lançar entre escravos numa audiência com os seus donos, mas que não é digna de homens racionais e livres que procuram a verdade.

Assim sendo, de que se tratará exactamente neste Discurso? De marcar no progresso das coisas o momento em que, sucedendo o direito à violência, a natureza se submeteu à lei; de explicar por que série de prodígios o forte se decidiu a servir o fraco e o povo a comprar uma ideia de tranquilidade ao preço de uma felicidade real.

Os filósofos que examinaram os fundamentos da sociedade sentiram a necessidade de voltar atrás até ao estado de natureza, mas nenhum deles o conseguiu alcançar. Uns não hesitaram sequer atribuir ao homem nesse estado a noção de justo e de injusto, sem procurar mostrar que ele deveria possuir essa noção ou mesmo que ela lhe seria útil. Outros falaram do direito natural que cada um possui de conservar o que lhe pertence, sem explicar o que entendiam por pertencer; outros ainda, depois de darem ao mais forte a autoridade sobre o mais fraco, logo fizeram nascer o governo, sem pensar no tempo que deveria passar antes que o sentido dos termos «autoridade» e «governo» pudesse existir entre os homens. Enfim, todos, ao falarem constantemente de necessidade, de avidez, de opressão, de desejos e de orgulho, transportaram para o estado de natureza ideias que haviam apreendido na sociedade. Falavam do homem selvagem e pintavam o homem civil. Nem sequer ocorreu à maior parte de nós duvidar da existência do estado de natureza, embora seja evidente, através da leitura dos Textos Sagrados, que o primeiro homem, quando recebeu imediatamente de Deus as luzes e os preceitos, não estava ele próprio nesse estado, e que quando juntamos aos escritos de Moisés a fé que todo o filósofo cristão lhes deve, é inegável que, mesmo antes do dilúvio, os homens alguma vez se tenham encontrado no estado puro da natureza, a menos que tenham voltado a cair nele por um qualquer acontecimento extraordinário. Um paradoxo demasiado embaraçoso de defender, e completamente impossível de provar.

Comecemos, então, por afastar todos os factos, dado que não tocam no problema. As investigações que se podem empreender relativamente a este assunto não devem ser tomadas por verdades históricas mas unicamente por raciocínios hipotéticos e condicionais, mais apropriados a revelar a natureza das coisas do que a mostrar a sua verdadeira origem, semelhantes àqueles que todos os dias os físicos fazem acerca da formação do mundo. A religião ordena-nos que acreditemos que o próprio Deus, tendo retirado os homens do estado de natureza [imediatamente após a criação(*)], os fez desiguais porque assim desejou; mas ela não nos proíbe de formar conjeturas extraídas exclusivamente da natureza do homem e dos seres que o rodeiam sobre o que teria podido tornar-se o género humano se tivesse sido deixado a si mesmo. Eis aquilo que me pedem e que eu me proponho examinar neste Discurso. E já que o meu tema interessa ao homem em geral, usarei uma linguagem que convenha a todas as nações, ou melhor,

(*) Edição de 1782. (*N. do T.*)

esquecendo os tempos e os lugares, para não pensar senão nos homens a quem me dirijo, imaginar-me-ei no liceu de Aristóteles, a repetir as lições dos meus mestres, tendo os Platões e os Xenócrates como juízes, e o género humano por ouvinte.

Homem, seja qual for a tua terra, sejam quais forem as tuas opiniões, escuta. Eis a tua história como eu acreditei lê-la, não nos livros dos teus semelhantes que são mentirosos, mas na natureza que nunca mente. Tudo o que dela sair, será verdadeiro. Nela, nada de falso existirá salvo aquilo que, sem querer, lhe misturei de meu. Os tempos de que vou falar são muito remotos. O que és e o que foste! Vou descrever-te, por assim dizer, a vida da tua espécie segundo as qualidades que tu recebeste, que a tua educação e os teus hábitos conseguiram perverter, mas que não lograram destruir. Existe, sinto-o, uma idade em que o homem gostaria de parar; tu procurarás a idade em que tu gostarias que a tua espécie tivesse parado. Desgostoso do teu estado presente, por razões que anunciam ainda maiores dissabores à tua malfadada posteridade, talvez gostasses de poder voltar atrás; e este sentimento deve servir de elogio aos teus primeiros antepassados, de crítica dos teus contemporâneos, e causar o terror àqueles que terão o infortúnio de viver depois de ti.

Primeira Parte

Por muito importante que seja, para ajuizar corretamente o estado natural do homem, considerá-lo a partir da sua origem, e examiná-lo, por assim dizer, no primeiro embrião da espécie, não seguirei a sua organização através dos seus desenvolvimentos sucessivos. Não me deterei a investigar no sistema animal o que poderia ter sido no começo, para chegar, enfim, a ser o que é; não irei examinar se, como pensa Aristóteles, as suas unhas alongadas não foram, em primeiro lugar, garras curvas; se não era peludo como um urso, e se o facto de caminhar com quatro patas (Nota III), com o olhar apontado ao chão e limitado por um horizonte de alguns passos, não determinava ao mesmo tempo o carácter e os limites das suas ideias. Não me é possível formar sobre este assunto senão conjeturas vagas e quase imaginárias. A anatomia comparada ainda não realizou progressos suficientes, as observações dos naturalistas ainda são demasiado incertas para que possa estabelecer-se sobre tais fundamentos a base de um raciocínio sólido. Assim, sem poder recorrer aos conhecimentos naturais que temos sobre este ponto, e descartando as alterações que se devem ter produzido na constituição interna e externa do homem, à medida que os seus membros eram aplicados em novos usos e se nutria com novos alimentos, vou supô-lo sempre idêntico, como hoje o vejo, caminhando com dois pés, usando as suas mãos como nós fazemos com as nossas, lançando o olhar sobre a natureza e medindo com os olhos a vasta extensão do céu.

Quando dispo esse ser — assim constituído de todos os dons sobrenaturais que terá podido receber e de todas as faculdades artificiais que soube adquirir apenas mediante um longo progresso; em suma, quando o considero tal como deverá ter saído das mãos da natureza — vejo um animal menos forte que uns, menos ágil que outros, mas, no seu conjunto, o mais vantajosamente constituído de todos. Vejo-o a alimentar-se debaixo de um carvalho, a matar a sede no primeiro riacho, a encontrar o seu leito junto da mesma árvore que lhe deu a comida, e eis satisfeitas as suas necessidades.

A Terra, abandonada à sua fertilidade natural (Nota IV) e coberta de florestas imensas que nenhum machado mutilou, oferece a cada passo armazéns e refúgios de toda a espécie. Dispersados entre eles, os homens observam, imitam a sua atividade e moldam-se assim ao instinto das bestas, com a vantagem de cada espécie ter unicamente o seu próprio instinto, enquanto o homem, que talvez não tenha nenhum que lhe seja exclusivo, se apropria de todos, alimentando-se igualmente da maior parte dos alimentos variados (Nota V) que são partilhados pelos outros animais, encontrando dessa forma a sua subsistência mais facilmente do que qualquer um deles.

Acostumados desde a infância às intempéries do ar e ao rigor das estações, habituados à fadiga e forçados a defender, nus e sem armas, a sua vida e a sua presa contra as outras bestas ferozes, ou a escapar-lhes correndo, os homens desenvolveram um temperamento robusto e quase inalterável. As crianças, trazendo ao mundo a excelente constituição dos seus pais, e fortalecendo-a por meio dos mesmos exercícios que a geraram, adquirem assim todo o vigor de que a espécie é capaz. A natureza lida com elas exatamente como a lei de Esparta com os filhos dos seus cidadãos; torna fortes e robustos aqueles que são bem constituídos, fazendo perecer todos os outros; nisto é diferente das nossas sociedades, em que o Estado as mata indiscriminadamente antes do seu nascimento, tornando-as um fardo para os pais.

Uma vez que o corpo é o único instrumento que o homem selvagem conhece, ele emprega-o para diversos fins, para os quais os nossos são incapazes em virtude da falta de exercício, sendo o nosso engenho o que nos retira a força e a agilidade que a necessidade obriga a adquirir. Se possuísse um machado, conseguiria o seu pulso cortar tão fortes ramos? Se uma funda, lançaria com a mão uma pedra com tanta força? Se uma escada, subiria ele a uma árvore com tanta agilidade? Se um cavalo, correria ele tão depressa? Dai ao homem civilizado o tempo de reunir todas as máquinas à sua volta e ele, sem dúvida, superará facilmente o homem selvagem; mas, se quereis ver um combate ainda mais desigual, colocai-os nus e desarmados, um diante do outro, e reconhecereis rapidamente qual é a vantagem de ter sempre todas as forças à disposição, de estar sempre pronto para qualquer eventualidade e, por assim dizer, de se manter a si mesmo todo inteiro (Nota VI).

Hobbes afirma que o homem é naturalmente intrépido e que não procura senão atacar e combater. Um ilustre filósofo(*) pensa o contrário, e Cumberland(**) e Pufendorf(***) asseguram ainda que nada é tão tímido

(*) Montesquieu, *Esprit des lois*, 1. I, cap. II. (*N. do T.*)

(**) Richard Cumberland, *De legibus naturae*, 1672. (*N. do T.*)

(***) *Le droit de la nature et des gens*, 1. I, cap. II. (*N. do T.*)

quanto o homem no estado de natureza, sempre medroso e pronto a fugir, ao sentir o menor ruído, ao sentir o menor movimento. Pode ser assim com os objetos que não conhece, e não tenho dúvidas de que se amedronta com todos os novos espetáculos que se lhe oferecem sempre que não consegue distinguir entre o bem e o mal físicos que deve esperar, ou comparar as suas forças com os perigos que tem de enfrentar; circunstâncias que são raras no estado de natureza, em que todas as forças avançam de uma maneira tão uniforme, e em que a face da Terra não está sujeita a alterações bruscas e contínuas, causadas pelas paixões e pela inconstância dos povos reunidos. Mas, vivendo o homem selvagem misturado com os animais, percebendo de imediato a necessidade de os enfrentar, logo se compara a eles e, sentindo que os ultrapassa em destreza mais do que eles o ultrapassam em força, aprende a já não os temer. Colocai um urso, ou um lobo, contra um selvagem robusto, ágil, corajoso, como são todos, armado de pedras e de um bom bastão, e vereis que o perigo se mostrará, quando muito, recíproco, e que, após várias experiências parecidas, as bestas ferozes, que não gostam de se atacar umas às outras, atacarão com menor vontade o homem, que terão sentido tão feroz quanto elas. No caso dos animais que possuem realmente mais força do que ele possui destreza, encontra-se diante deles como outras tantas espécies mais fracas que não deixaram de subsistir, com a vantagem de o homem, porque não é menos disposto para a corrida do que elas, e descobrindo nas árvores um refúgio quase certo, ter a iniciativa em todos os confrontos e a escolha entre a fuga e o combate. Acrescente-se que não parece que nenhum animal faça naturalmente guerra ao homem, exceto em caso de sua própria defesa ou de uma fome extrema, nem mostra contra ele essas violentas antipatias que parecem anunciar que uma espécie está destinada pela natureza a servir de pasto à outra.

[São estas, sem dúvida, as razões que levam os negros e os selvagens a preocupar-se tão pouco com os animais ferozes que podem encontrar nos bosques. A este respeito, os caribenhos da Venezuela, entre outros, vivem na mais perfeita segurança e sem o menor inconveniente. Embora quase nus, diz François Coréal, não deixam de se expor sem receios nos bosques, armados unicamente com a flecha e o arco; no entanto, nunca se ouviu dizer que algum tenha sido devorado por bestas.(*)]

Outros inimigos, mais temíveis ainda, e para os quais o homem não possui os mesmos meios de defesa, são as enfermidades naturais, a infância, a velhice e as doenças de toda a espécie; tristes sinais da nossa fraqueza, dos quais os dois primeiros são comuns a todos os animais, cabendo o último sobretudo ao homem que vive em sociedade. No caso da infância, observo inclusive que a mãe, ao transportar o filho consigo para todo o lado, tem muito mais facilidade em alimentá-lo do que as fêmeas de muitos animais, que são forçadas, com bastante fadiga, a ir e vir continuamente para, por um lado, encontrar comida para eles, e, por outro, para aleitar ou alimentar os seus filhos. É verdade que, se a mulher acaba por morrer, o filho arrisca-se a morrer com ela, mas este perigo é comum a cem outras espécies, cujas crias são incapazes durante muito tempo de ir procurar por si mesmas o seu alimento; e se a infância é mais longa entre nós, também a vida o é, de maneira que tudo é mais ou menos igual neste ponto (Nota VII), conquanto existam outras regras a propósito da duração da primeira idade e do número de filhos (Nota VIII), algo que não está relacionado com o meu tema. Nos velhos, que pouco agem e transpiram, a necessidade de alimentos diminui com a capacidade de se prover; e como a vida selvagem afasta deles a gota e o reumatismo, e a velhice é, de todos

(*) Edição de 1782. (*N. do T.*)

os males, aquele que o auxílio humano é menos capaz de aliviar, acabam por desaparecer, sem que ninguém se aperceba de que deixam de existir, e quase sem que eles próprios se apercebam disso.

Em relação às doenças, não irei repetir as inúteis e falsas declamações que a maior parte das pessoas saudáveis faz contra a medicina, mas perguntarei se existe alguma observação sólida a partir da qual se possa concluir que, no país em que essa arte é a mais negligenciada, a esperança média de vida do homem seja mais curta do que naqueles em que é cultivada com o maior cuidado; e como poderia isso ser, se infligimos a nós próprios mais males do que a capacidade da medicina de fornecer remédios! A extrema desigualdade na maneira de viver, o excesso de ociosidade nuns, o excesso de trabalho noutros, a facilidade em contrariar e em satisfazer os nossos apetites e a nossa sensualidade, os alimentos demasiado exóticos dos ricos, que lhes provocam obstipação e os enchem de indigestões, a má alimentação dos pobres, que o mais das vezes nem sequer a têm, e cuja falta os leva a sobrecarregar avidamente o seu estômago quando surge a oportunidade, as vigílias, os excessos de toda a espécie, os acessos imoderados de todas as paixões, as fadigas e o esgotamento do espírito, as angústias e as inúmeras aflições vividas em todas as fases da vida e que corroem perpetuamente as almas. São estas as provas funestas de que a maior parte dos nossos males são obra nossa, e que teríamos evitado quase todos se conservássemos a maneira de viver simples, uniforme e solitária que nos era prescrita pela natureza. Se ela nos destinou à saúde, quase me atrevo a garantir que o estado reflexivo é um estado contranatura e que o homem que medita é um animal depravado. Quando se pensa na boa constituição dos selvagens, pelo menos daqueles que não arruinámos com os nossos fortes licores, quando se sabe que quase não conhecem outras doenças além das feridas e da velhice, somos claramente levados a crer que se faria com facilidade a história das doenças humanas seguindo a das sociedades civis. Esta é, pelo menos, a opinião de Platão(*) que, a propósito de certos remédios aplicados ou aprovados por Podalírio e Macaão no cerco de Tróia, julga que diversas doenças, que estes remédios tivessem talvez provocado, ainda não eram, por essa altura, conhecidas entre os homens; [e Celso refere que a dieta, hoje em dia tão necessária, só foi inventada por Hipócrates(**)].

Com tão poucas causas de males, o homem, no estado de natureza, quase não tem necessidade de remédios, muito menos de médicos; a este respeito, a espécie humana não está em pior condição do que todas as outras, e é fácil saber pelos caçadores se nas suas caçadas encontram muitos animais enfermos. Encontram bastantes que receberam golpes consideráveis muito bem cicatrizados, que tiveram ossos, e até membros, quebrados e recuperados sem outro cirurgião além do tempo, sem outro regime além da sua vida normal, e que não estão menos perfeitamente curados por não terem sido atormentados com incisões, envenenados com drogas ou exauridos com jejuns. Finalmente, por muito útil que possa ser entre nós a medicina bem administrada, é sempre certo que se o selvagem doente, abandonado a si mesmo, nada tem a esperar que não seja da natureza, em compensação nada tem a temer além do seu mal, o que torna muitas vezes a sua situação preferível à nossa.

Evitemos, portanto, confundir o homem selvagem com os homens que temos diante de nós. A natureza trata todos os animais entregues aos seus cuidados com uma afeição que parece indicar quão ciosa é desse direito. O cavalo, o gato, o touro, o próprio burro possuem, na sua maioria, uma constituição mais robusta, mais vigor, força e coragem

---

(*) Veja-se Platão, *A República*, 405e-406a. (*N. do T.*)

(**) Edição de 1782. (*N. do T.*)

nas florestas do que nas nossas casas; perdem metade destas vantagens quando se tornam domésticos, e dir-se-ia que todos os nossos cuidados em bem tratar e alimentar estes animais redundam apenas na sua degeneração. Acontece o mesmo com o próprio homem: quando se torna sociável e escravo, torna-se fraco, temeroso, servil, e a sua maneira de viver mole e efeminada acaba por enfraquecer a sua força e ao mesmo tempo sua coragem. Acresce que entre a condição selvagem e doméstica, a diferença de um homem a outro deve ser ainda maior do que aquela que existe entre bestas, porque, tendo sido, homem e animal, tratados da mesma forma pela natureza, todas as comodidades que o homem se dá a mais do que aos animais que domestica representam outras tantas causas particulares que o fazem degenerar ainda mais notoriamente.

A nudez, a falta de habitação e a privação de todas essas inutilidades que cremos tão necessárias, não representam, por conseguinte, uma infelicidade tão grande para estes primeiros homens, nem sobretudo um tão grande obstáculo à sua conservação. Quando não possuem a pele peluda, não têm qualquer necessidade dela nos países quentes e, nos países frios, aprendem rapidamente a apropriar-se da dos animais que mataram; quando só possuem dois pés para correr, têm dois braços para prover à sua defesa e às suas necessidades; as suas crianças caminham porventura tarde e com dificuldade, mas as mães carregam-nas com facilidade, vantagem que falta às outras espécies, em que a mãe, quando perseguida, se vê obrigada a abandonar os filhos ou a regular o seu passo pelo deles. [Talvez existam algumas exceções a isto. Por exemplo, a daquele animal da região da Nicarágua que parece uma raposa, que tem os pés como as mãos de um homem e que, segundo Corréal(*), possui, ao nível do ventre, um saco onde a mãe coloca os filhotes

(*) *Voyages de François Corréal aux Indes Occidentales* (1722). [*N. do T.*]

quando é obrigada a fugir. Trata-se, sem dúvida, do mesmo animal a que chamamos *Tlaquatzin* [*opossum*] no México, a cuja fêmea Jean Laët atribui um saco idêntico para o mesmo fim.(*)] Por fim, a menos que consideremos essas singulares e fortuitas coincidências de circunstâncias, de que falarei em seguida, e que podiam muito bem nunca ter acontecido, torna-se claro, em todo o caso, que o primeiro a usar vestuário ou a construir uma habitação não deu a si mesmo algo que fosse muito necessário, visto até então ter passado sem isso, razão pela qual não é muito evidente porque não poderia suportar, homem feito, um género de vida que tolerava desde a infância.

Sozinho, ocioso e sempre próximo do perigo, o homem selvagem deve gostar de dormir e de ter o sono ligeiro como os animais, que, pensando pouco, dormem, por assim dizer, todo o tempo em que não pensam. Sendo a sua conservação praticamente o seu único cuidado, as suas faculdades mais desenvolvidas devem ser aquelas que têm o ataque e a defesa por objeto principal, seja para subjugar a sua presa, seja para evitar tornar-se uma presa para outro animal. Por outro lado, os órgãos que apenas se aperfeiçoam pela indolência e sensualidade preservam uma rusticidade que exclui nele qualquer espécie de delicadeza; e estando os seus sentidos divididos neste ponto, o toque e o paladar serão de uma extrema rudeza, a vista, a audição e o olfato da maior subtileza. Assim é o estado animal em geral, e é também, segundo os relatos dos exploradores, o da maior parte dos povos selvagens. Não é, pois, de espantar que os hotentotes do cabo da Boa Esperança avistassem, à vista desarmada, navios em alto-mar, tão longe quanto os holandeses com lunetas, ou que os selvagens da América sentissem os espanhóis pelo cheiro, como os melhores cães fariam, ou que todas estas nações bárbaras suportassem

(*) Edição de 1782. (*N. do T.*)

sem dificuldade a sua nudez, apurassem o seu gosto à custa de pimenta e bebessem licores europeus como água.

Não considerei até aqui senão o homem físico. Olhemo-lo agora pelo lado metafísico e moral.

Em todo o animal vejo apenas uma máquina engenhosa, a quem a natureza deu sentidos para se restabelecer a si própria e, até certo ponto, para se defender de tudo o que tende a destruí-la ou danificá-la. Vislumbro na máquina humana exatamente as mesmas coisas, com essa diferença de a natureza, por si só, realizar todas as operações do animal, ao passo que contribui para as do homem na qualidade de agente livre. Um escolhe ou rejeita por instinto, e o outro por um ato de liberdade; o que leva a que o animal não possa afastar-se da regra que lhe é prescrita, mesmo quando isso lhe seria benéfico, e que o homem muitas vezes se afaste dela em seu prejuízo. É por isso que um pombo morre de fome perto de uma bacia cheia das melhores carnes, e um gato, de uma taça de fruta, ou de grãos, embora um e outro pudessem muito bem alimentar-se com a comida que enjeitam, se lhes ocorresse experimentar. É assim que os homens dissolutos se entregam aos seus excessos, que lhes causam a febre e a morte: porque a mente degrada os sentidos, e porque a vontade fala ainda, quando a natureza se cala.

Todo o animal tem ideias porque tem sentidos; em certa medida, ele chega a combinar as suas ideias, diferindo, neste aspeto, o homem do animal apenas como o mais do menos. Alguns filósofos sugeriram mesmo que há mais diferença entre um homem e outro do que entre um homem e um animal; por conseguinte, não é tanto o entendimento que constitui a distinção específica entre o homem e os outros animais, mas a sua qualidade de agente livre. A natureza comanda todo o animal, e o animal obedece. O homem experimenta a mesma impressão, mas reconhece-se livre de ceder ou de resistir; e é sobretudo na consciência dessa liberdade que a espiritualidade da sua alma se manifesta: porque a Física, de certo modo, explica o mecanismo dos sentidos e da formação das ideias, mas na capacidade de querer, ou melhor, de escolher, e no sentimento dessa capacidade, não se encontram senão atos espirituais a respeito dos quais nada é explicado pelas leis da Mecânica.

Mesmo que as dificuldades que envolvem todas estas questões deixassem algum espaço para disputas em torno dessa diferença entre o homem e o animal, existe, no entanto, uma outra qualidade muito específica que os distingue e sobre a qual não pode haver contestação, que é a faculdade de se aperfeiçoar; faculdade que, com a ajuda das circunstâncias, desenvolve sucessivamente todas as outras e se encontra em nós, tanto na espécie como no indivíduo, ao passo que um animal, ao fim de alguns meses, continua aquilo que será toda a sua vida, e a sua espécie, mil anos depois, o que era no primeiro ano desses mil anos. Porque será o homem o único passível de se tornar imbecil? Não será porque regressa ao seu estado primitivo, e porque o homem, ao contrário do animal, que nada adquiriu e que também nada tem a perder, permanecendo sempre com o seu instinto, quando perde novamente, graças à velhice ou a outros acidentes, tudo o que a sua *perfetibilidade* lhe havia feito adquirir, recai assim mais baixo do que a própria besta? Seria triste para nós sermos forçados a reconhecer que essa faculdade distintiva, e quase ilimitada, constitui a causa de todas as desgraças do homem; que é ela que, por força do tempo, o arranca dessa condição originária, na qual passaria dias tranquilos e inocentes; que é ela que, ao fazer brotar, ao longo dos séculos, as suas luzes e os seus erros, os seus vícios e as suas virtudes, o torna, com o tempo, o tirano de si mesmo e da natureza (Nota IX). Seria horrível ser-se forçado a louvar como um ser beneficente aquele que primeiro sugeriu ao habitante das margens do rio Orinoco o uso desses pedaços de madeira que aplica nas têmporas dos filhos, e que lhes asseguram pelo menos uma parte da sua imbecilidade e da sua felicidade original.

O homem selvagem, abandonado pela natureza ao instinto, ou antes, compensado pelo instinto que talvez lhe falte com faculdades capazes de o substituir a princípio e de, em seguida, o elevar muito acima da natureza, começará, assim, pelas funções puramente animais: (Nota X) percecionar e sentir será o seu primeiro estado, que lhe será comum com todos os animais. Querer e não querer, desejar e recear serão as primeiras e quase as únicas operações da sua alma, até que novas circunstâncias produzam novos desenvolvimentos.

Digam o que disserem os moralistas, o entendimento humano deve muito às paixões, que, como é comum admitir-se, lhe devem muito também. É através da sua atividade que a nossa razão se aperfeiçoa; procuramos conhecer apenas porque desejamos ter prazer, não sendo possível conceber o motivo pelo qual aquele que não tivesse desejos ou receios se daria o trabalho de pensar. As paixões, por sua vez, devem a sua origem às nossas necessidades e o seu progresso aos nossos conhecimentos; porquanto não se pode desejar ou recear as coisas exceto a partir das ideias que delas podemos fazer, ou do simples impulso da natureza; e o homem selvagem, privado de toda a espécie de inteligência, experimenta somente as paixões deste último género, com os seus desejos a não excederem as suas necessidades físicas; (Nota XI) os únicos bens que conhece no universo são a alimentação, uma mulher e o repouso, os únicos males que receia são a dor e a fome. Digo a dor, e não a morte, porque um animal nunca saberá o que é morrer, e o conhecimento da morte, e dos seus terrores, foi uma das primeiras aquisições que o homem fez ao afastar-se da condição animal.

Se necessário, ser-me-ia fácil justificar este sentimento com factos e mostrar que em todas as nações do mundo os progressos do espírito são proporcionais às necessidades que os povos receberam da natureza, ou às quais as circunstâncias os sujeitaram, e, em consequência, às paixões que os levavam a satisfazer estas necessidades. No Egito, mostraria as artes nascentes, e que se desenvolvem com as cheias do Nilo; seguiria o seu progresso nos Gregos, onde as vimos germinar, crescer e elevar-se aos céus entre as areias e os rochedos da Ática, sem conseguirem ganhar raízes nas margens férteis do Eurotas; faria notar que, em geral, os povos do Norte são mais industriosos do que os do Sul, porque lhes é mais difícil não o ser, como se a natureza quisesse equilibrar as coisas desta forma, oferecendo aos espíritos a fertilidade que recusa à terra.

Mas sem recorrer aos testemunhos incertos da História, quem não vê que tudo parece afastar o homem selvagem da tentação e dos meios para que deixe de ser selvagem? A sua imaginação nada lhe descreve; o seu coração nada lhe pede. As suas modestas necessidades encontram-se tão facilmente à mão, e ele está tão longe do grau de conhecimentos essenciais para desejar adquirir outros maiores que não pode ter nem previdência nem curiosidade. O espetáculo da natureza torna-se tão familiar para ele que chega a ser indiferente. Sempre a mesma ordem, sempre as mesmas revoluções; carece de espírito para se espantar com as maiores maravilhas; e não é para ele que nos devemos voltar para buscar a filosofia de que o homem precisa para conseguir observar por uma vez aquilo que viu todos os dias. A sua alma, que não se agita por nada, entrega-se ao único sentimento da sua existência atual, sem qualquer ideia do futuro, por muito próximo que este esteja, e os seus projetos, limitados como a sua visão, estendem-se com dificuldade até ao final do dia. Ainda hoje, é este o grau de previdência do caribenho: de manhã vende a sua cama de algodão, e à noite vem resgatá-la a chorar, porque não previu que precisaria dela para a noite seguinte.

Quanto mais se reflete neste assunto, mais aumenta aos nossos olhos a distância entre as sensações puras e os mais simples conhecimentos; e não é possível imaginar de que modo um homem teria podido, por si só, sem o auxílio da comunicação e sem o estímulo da necessidade, preencher um tão grande intervalo. Quantos séculos terão talvez passado antes que os homens pudessem ver outro fogo que não o do céu? De quantos acasos diferentes não terão precisado para aprender os usos mais comuns desse elemento? Quantas vezes não o terão deixado apagar, antes de terem adquirido a arte de o reproduzir? E quantas vezes não terá algum destes segredos morrido, provavelmente, com aquele que o descobriu? Que dizer da agricultura, arte que exige tanto trabalho e previdência, que depende de outras artes, que muito evidentemente não é praticável senão numa sociedade que já terá, no mínimo, principiado, e que não nos serve tanto para extrair da terra os alimentos que ela forneceria claramente sem a agricultura, quanto para lhe impor preferências que estão mais próximas do nosso gosto? Mas suponhamos que os homens se tivessem multiplicado de tal modo que as produções naturais já não fossem suficientes para os alimentar; suposição que, diga-se de passagem, revelaria uma grande vantagem para a espécie humana nesta maneira de viver. Suponhamos que, sem forja e sem oficinas, os instrumentos da lavoura tivessem caído do céu nas mãos dos selvagens; que estes homens tivessem superado o ódio mortal que todos eles têm por um trabalho contínuo; que tivessem aprendido a prever com bastante antecedência as suas necessidades, que adivinhassem a maneira como deveriam cultivar a terra, semear o grão e plantar as árvores; que tivessem descoberto a arte de moer o trigo e a de fermentar as uvas: tudo coisas que os deuses tiveram de lhes ensinar, por não conceberem como iriam aprender por eles próprios. Depois disto, que homem seria tão insensato que se atormentasse com o cultivo de um campo que será pilhado pelo primeiro — homem ou besta pouco importa — a quem essa colheita aproveitasse; e como poderá alguém decidir passar a sua vida num trabalho tão árduo que, quanto mais necessário lhe é, mais seguro está de não retirar dele qualquer proveito? Numa palavra, como poderá essa situação levar os homens a cultivar a terra enquanto não for partilhada entre eles, isto é, enquanto o estado de natureza não for abolido?

Mesmo que quiséssemos supor um homem selvagem tão hábil na arte de pensar como nos é apresentado pelos nossos filósofos; mesmo que, seguindo o seu exemplo, fizéssemos dele também um filósofo que descobre sozinho as mais sublimes verdades, criando para si, por um encadeamento de raciocínios muito abstratos, máximas de justiça e de razão extraídas do amor pela ordem em geral ou da vontade conhecida do seu Criador; em suma, mesmo que lhe supuséssemos no espírito tanta inteligência e luzes quantas ele deveria possuir, e, de facto, o encontrássemos apenas pesado e estúpido, que utilidade retiraria a espécie de toda essa metafísica impossível de comunicar e que morreria com o indivíduo que a teria inventado? Que progresso faria o género humano disperso pelos bosques entre os animais? E até que ponto poderiam aperfeiçoar-se e esclarecer-se mutuamente, homens que, não possuindo domicílio ou qualquer necessidade um do outro, se encontrassem talvez, e com dificuldade, duas vezes na sua vida, sem se conhecerem e sem falarem?

Se refletirmos na quantidade de ideias que devemos ao uso da palavra; no quanto a gramática exercita e facilita as operações do espírito; e se pensarmos nos esforços inconcebíveis, e no tempo infinito, que a primeira invenção das línguas terá custado; se acrescentarmos estas reflexões às precedentes, seremos capazes de ajuizar quantos milhares de séculos foram necessários para o desenvolvimento gradual no espírito humano das operações de que era capaz.

Permitam-me que considere por um instante as dificuldades a propósito da origem das línguas. Contentar-me-ia com citar ou reiterar aqui as investigações que o abade de Condillac efetuou sobre esta matéria, as quais confirmam plenamente o meu sentimento, e me deram, porventura, a primeira ideia dela. No entanto, a forma como este filósofo resolve as dificuldades que ele próprio levanta quanto à origem dos sinais instituídos mostra que pressupõe aquilo que coloco em causa, nomeadamente uma espécie de sociedade já estabelecida entre os inventores da linguagem, o que me leva a pensar, ao voltar-me para as suas reflexões, que devo acrescentar-lhes as minhas de modo a expor estas mesmas dificuldades a uma luz que se adeqúe ao meu tema. A primeira dificuldade consiste em imaginar como as línguas se tornaram necessárias; porquanto, não trocando os homens nenhuma correspondência entre eles, nem tendo nenhuma necessidade de a manter, não se compreende nem a necessidade dessa invenção, nem a sua possibilidade, se ela não se revelasse indispensável. Diria, porventura, como muitos outros, que as línguas nasceram nas relações domésticas entre pais, mães e filhos. Mas isto não só não responderia às objeções como seria cometer o erro daqueles que, ao refletirem sobre o estado de natureza, introduzem nele ideias recebidas na sociedade, vendo sempre a família reunida numa só habitação e os seus membros a conservarem entre eles uma união tão íntima e permanente como entre nós, onde tantos interesses comuns os unem; pelo contrário, nesse estado primitivo, sem casa, cabanas, ou propriedade de espécie alguma, todos habitavam ao acaso e muitas vezes por uma só noite; os machos e as fêmeas uniam-se fortuitamente, ao sabor do encontro, da ocasião e do desejo, sem que a palavra constituísse um intérprete especialmente necessário daquilo que tinham para dizer uns aos outros; afastavam-se com a mesma facilidade (Nota XII). A mãe, ao início, aleitava os seus filhos por sua própria necessidade;

depois, porque o hábito os tornou amados, alimentava-os agora por necessidade deles; assim que tinham força para procurar a sua comida, não tardavam a deixar a própria mãe; e como não existia quase outro meio de se encontrarem exceto o de não se perderem de vista, depressa chegaram ao ponto de nem sequer se reconhecerem uns aos outros. Notai ainda que, tendo o filho de explicar todas as suas necessidades e, por conseguinte, mais coisas a dizer à mãe do que a mãe ao filho, é ele que mais contribui para a invenção, devendo ser a língua que usa, em grande medida, de sua própria autoria; o que multiplica tanto as línguas quanto os indivíduos que as falam; para isto contribui ainda a vida errante e vadia que não possibilita a nenhum idioma o tempo necessário para ganhar consistência. De facto, dizer que a mãe dita ao filho as palavras de que se deverá servir para lhe pedir esta ou aquela coisa mostra bem como se ensina línguas já instituídas, mas não diz nada sobre o modo como elas se formam.

Suponhamos ultrapassada esta primeira dificuldade. Saltemos, por um instante, o imenso espaço que terá separado o puro estado de natureza e a necessidade das línguas, e procuremos, supondo-as necessárias (Nota XIII), a maneira como puderam começar a estabelecer-se. Nova dificuldade, ainda pior do que a precedente; porque, se os homens precisaram da palavra para aprender a pensar, precisaram ainda mais de saber pensar para descobrir a arte da palavra; e, mesmo que compreendêssemos como os sons da voz foram assumidos como intérpretes convencionais das nossas ideias, permanecerá sempre em aberto a questão de saber quais poderiam ser os intérpretes dessa convenção para aquelas ideias que, sem objeto sensível, não podiam indicar-se nem pelo gesto nem pela voz, de sorte que dificilmente se podem formular conjeturas defensáveis sobre o nascimento dessa arte de comunicar os seus pensamentos e de estabelecer um comércio entre os espíritos. Uma arte sublime já tão afastada da sua origem, mas que o filósofo vê ainda a uma distância tão prodigiosa da sua perfeição que não há homem suficientemente ousado que garanta que alguma vez ela se alcançará, mesmo que as transformações necessariamente trazidas pelo tempo se suspendam em seu favor, os preconceitos abandonem as academias ou se calem diante delas e estas possam ocupar-se desse árduo objeto durante séculos inteiros sem interrupção.

A primeira linguagem do homem, a linguagem mais universal, mais enérgica, e a única de que teve necessidade antes de precisar de convencer uma assembleia de homens, foi o grito da natureza. Como este grito se soltasse apenas por meio de uma espécie de instinto em ocasiões urgentes, para pedir ajuda nos grandes perigos ou alívio nos males violentos, não tinha grande uso na vida quotidiana em que reinam sentimentos mais moderados. Quando as ideias dos homens se começaram a desenvolver e a multiplicar, e uma comunicação mais estreita se estabeleceu entre eles, procuraram-se sinais mais numerosos e uma linguagem mais extensa. Multiplicaram as inflexões da voz e acrescentaram-lhe os gestos que, pela sua natureza, são mais expressivos e cujo sentido é menos dependente de uma convenção anterior. Expressavam, assim, os objetos visíveis e móveis através de gestos, e aqueles que chegavam ao ouvido através de sons imitativos. Mas porque é raro o gesto indicar outra coisa além dos objetos presentes, ou fáceis de descrever, e as ações visíveis; porque o seu uso não é universal, dado que a obscuridade ou a interposição de um corpo o tornam inútil, e porque exige mais atenção do que aquela que excita, decidiu-se, enfim, substituí-lo pelas articulações da voz, que, sem manterem a mesma relação com certas ideias, são mais adequadas a representá-las todas como sinais instituídos; substituição que só se efetuou por mútuo acordo e de um modo bastante difícil de executar para homens cujos órgãos rudes ainda não tinham qualquer prática, e mais difícil ainda de imaginar em si mesma, uma vez que esse acordo unânime teve de ser provocado e porque a palavra parece ter sido imprescindível no estabelecimento do uso da palavra.

Pensemos que as primeiras palavras que os homens utilizaram continham no seu espírito uma significação muito mais vasta do que têm as usadas nas línguas já instituídas, e que, ao ignorarem a divisão do discurso nas suas partes constitutivas, deram a cada palavra, primeiramente, o sentido de uma proposição inteira. Quando começaram a distinguir o sujeito do predicado e o verbo do nome, o que não constituiu um esforço de génio banal, os substantivos eram, no início, tão-somente outros tantos nomes próprios, [o presente do infinitivo(*)] constituía o único tempo verbal, e, em relação aos adjetivos, a noção não se deve ter desenvolvido senão com enorme dificuldade, porque todo o adjetivo é um termo abstrato, e porque as abstrações são operações penosas e pouco naturais.

Cada objeto recebeu, a princípio, um nome particular, sem consideração pelos géneros e espécies que estes primeiros mestres não estavam em condição de distinguir; e todos os indivíduos se apresentavam isolados ao seu espírito, como se mostram no quadro da natureza. Se um carvalho se chamava A, o outro chamava-se B; [porque a primeira ideia que se extrai das coisas é que elas não são a mesma; e que é necessário, não raras vezes, muito tempo para observar o que têm em comum(**)]. De modo que, quanto mais limitados eram os conhecimentos, mais o dicionário se estendia. Não foi fácil resolver o problema de toda essa nomenclatura; porque para reunir os seres sob denominações comuns e genéricas, havia que conhecer as

(*) Edição de 1782. (*N. do T.*)
(**) Edição de 1782. (*N. do T.*)

propriedades e as diferenças; eram necessárias observações e definições, ou seja, história natural e metafísica, muito mais do que podiam ter os homens daquele tempo.

As ideias gerais não podem, de resto, introduzir-se no espírito a não ser com a ajuda de palavras, e o entendimento só as apreende por meio de proposições. É esta uma das razões pelas quais os animais não conseguem formar tais ideias, nem alguma vez adquirir a perfetibilidade que depende delas. Quando um macaco passa sem hesitar de uma noz à outra, julgamos nós que possui a ideia geral dessa espécie de fruto e que compara o seu arquétipo com estes dois casos particulares? Sem dúvida que não. Mas a visão de uma destas nozes traz à sua memória as sensações que recebeu da outra, e os seus olhos, alterados de uma certa maneira, anunciam ao seu paladar a modificação que vai receber. Toda a ideia geral é puramente intelectual; por pouco que a imaginação se misture nela, a ideia torna-se imediatamente particular. Experimentai imaginar uma árvore em geral e jamais chegareis ao fim; apesar de vós, será preciso vê-la pequena ou grande, sem folhas ou com folhas, clara ou escura, e se de vós dependesse ver nela somente aquilo que se encontra em toda a árvore, tal imagem já não se pareceria com uma árvore. Os seres puramente abstratos veem-se desta maneira ou só se concebem pelo discurso. Só a definição do triângulo vos dá a sua verdadeira ideia. Assim que concebeis um no espírito, esse será um certo triângulo e não outro, e não sereis capazes de evitar traçar-lhe as linhas percetíveis ou a sua superfície colorida. Temos, por isso, de enunciar proposições, de falar para ter ideias gerais; porque, logo que a imaginação cessa, o espírito já só avança com a ajuda do discurso. Se, portanto, os primeiros inventores foram capazes de dar nomes apenas às ideias que já possuíam, segue-se que os primeiros substantivos nunca foram outra coisa além de nomes próprios.

Quando, no entanto, os nossos novos gramáticos começaram a alargar as suas ideias e a generalizar os seus termos por meios que não imagino, a ignorância dos inventores teve de restringir esse método dentro de limites muito estreitos; e se, inicialmente, multiplicaram os nomes dos casos particulares, por não conhecerem os géneros e as espécies, criaram depois pouquíssimas espécies e géneros, por não considerarem os seres em todas as suas diferenças. Para levar as divisões suficientemente longe, seria necessário mais experiência e esclarecimento do que aquela que podiam ter, e mais investigações e trabalho do que desejavam empregar. Ora, se mesmo hoje se descobrem, todos os dias, espécies que escaparam até aqui a todas as nossas observações, imagine-se o quanto não deve ter escapado a homens que julgavam as coisas apenas segundo a primeira impressão! Quanto às classes primitivas e às noções mais gerais, torna-se supérfluo acrescentar que também elas lhes devem ter escapado. Como teriam eles, por exemplo, imaginado ou entendido as palavras «matéria», «espírito», «substância», «modo», «figura», «movimento», visto que os nossos filósofos, que se servem delas há tanto tempo, têm, eles próprios, tanta dificuldade em entendê-las, e porque as ideias que ligamos a essas palavras, sendo puramente metafísicas, não encontram qualquer modelo delas na natureza?

Fico-me por estes primeiros passos e suplico aos meus juízes que suspendam aqui a sua leitura, para considerar, unicamente à luz da invenção dos substantivos físicos, isto é, em função da parte da língua mais fácil de descortinar, o caminho que lhe falta fazer para exprimir todos os pensamentos dos homens, para assumir uma forma constante, poder ser falada em público e influir na sociedade. Suplico-lhes que reflitam no tempo e conhecimentos requeridos para descobrir os números (Nota XIV), os termos abstratos, os aoristos e todos os tempos dos verbos, as partículas, a sintaxe, a ligação das proposições, os raciocínios e a formação de toda a lógica do discurso. Quanto a mim, aterrado pelas dificuldades crescentes, e convencido da impossibilidade quase demonstrada de que as línguas pudessem nascer e estabelecer-se através de meios puramente humanos, deixo a quem o pretenda a tarefa de discutir o difícil problema de saber o que é mais necessário, se uma sociedade já unida para a instituição das línguas ou línguas já inventadas para o estabelecimento da sociedade.

Independentemente dessas origens, é claro, pelo menos, o pouco cuidado que a natureza teve em aproximar os homens por meio de necessidades comuns e de lhes facilitar o uso da palavra, o pouco que preparou a sua sociabilidade e o pouco contributo que deu em tudo o que eles fizeram para criar laços. De facto, é impossível imaginar o motivo pelo qual, nesse estado primitivo, um homem sentiria mais necessidade de outro homem do que um macaco, ou um lobo, do seu semelhante, ou, supondo esta necessidade, que motivo poderia levar o outro a atendê-la, ou mesmo, neste último caso, como poderiam acordar entre eles as condições. Eu sei que se afirma repetidamente que nada teria sido tão miserável quanto o homem nesse estado; e a ser verdade, como julgo ter provado, que não teria podido sentir o desejo e a oportunidade de sair dele senão após muitos séculos, tal seria um processo a intentar contra a natureza e não contra aquele que ela assim constituíra. Mas, se percebo bem este termo, *miserável* é uma palavra que não tem qualquer sentido, ou que não significa senão uma privação dolorosa e o sofrimento do corpo ou da alma. Pois bem, gostaria muito que alguém me explicasse qual pode ser o género de miséria de um ser livre cujo coração está em paz e com o corpo são. Qual é, pergunto eu, entre a vida civil ou natural, a que está mais sujeita a tornar-se insuportável para aqueles que usufruem dela? À nossa volta, quase só vemos indivíduos que se lamentam da sua existência, e alguns chegam a privar-se dela, pouco podendo a combinação das leis divinas e humanas para parar esta desordem. Pergunto se alguma vez alguém ouviu dizer que um selvagem em liberdade tenha sequer sonhado lamentar a sua vida e matar-se? Pensemos, então, com menos orgulho de que lado está a verdadeira miséria. Pelo contrário, nada teria sido tão miserável quanto o homem selvagem, deslumbrado pela inteligência, atormentado por paixões e pensando num estado diferente do seu. Foi obra de uma providência muito sábia que as faculdades que tinha em potência se desenvolvessem apenas juntamente com as oportunidades para as praticar, de modo que não se tornassem supérfluas e um peso antes do tempo, nem tardias e inúteis na necessidade. O instinto bastava-lhe para viver no estado de natureza, uma razão cultivada basta-lhe para viver em sociedade.

Nesse estado, parecia que, à primeira vista, os homens, sem terem qualquer espécie de relação moral ou deveres conhecidos entre si, não podiam ser bons ou malvados, nem teriam vícios ou virtudes, a menos que, no indivíduo, tomando estes termos num sentido físico, se chame vícios às qualidades que podem prejudicar a sua própria conservação e virtudes àquelas que podem contribuir para ela; nesse caso, seria preciso chamar o mais virtuoso àquele que resistiria menos aos simples impulsos da natureza. Porém, sem nos afastarmos do sentido comum, conviria suspender o juízo que faríamos acerca de uma tal situação e suspeitarmos dos nossos preconceitos, até ao momento em que, de balança na mão, tivéssemos examinado se há mais virtudes do que vícios entre os homens civilizados, ou se as suas virtudes são mais vantajosas do que os seus vícios danosos, ou se o progresso do seu conhecimento, à medida que aprendem o bem que deveriam fazer, é compensação suficiente pelos males que fazem uns aos outros, ou se não estariam, afinal, numa situação mais afortunada, de não terem mal a temer nem bem a esperar de alguém, exceto o de estarem sujeitos a uma dependência universal e o de se obrigarem a tudo receber daqueles que não se obrigam a nada lhes dar.

Não vamos sobretudo concluir, com Hobbes, que o homem é naturalmente malvado por não ter qualquer ideia da bondade, que é perverso porque não conhece a virtude, que recusa sempre servir os seus semelhantes porque não crê que seja seu dever, ou que, em virtude do direito que legitimamente concede a si mesmo às coisas de que tem necessidade, julga, loucamente, que é o único proprietário de todo o universo. Hobbes viu muito bem a insuficiência de todas as definições modernas do direito natural. Todavia, as consequências que extrai da sua mostram que a considera num sentido que não é menos falso. Quando reflete sobre os princípios que estabelece, este autor devia afirmar que o estado de natureza, como aquele em que a preocupação com a nossa conservação é o menos prejudicial à de outrem, era, por isso mesmo, o mais adequado à paz e o mais conveniente ao género humano. Mas afirma precisamente o contrário, quando introduz impropriamente, na preocupação do homem selvagem em se conservar, a necessidade de satisfazer uma multidão de paixões que são fruto da sociedade e que tornaram as leis necessárias. O malvado, afirma, é uma criança forte; resta saber se o homem selvagem é uma criança forte. E ainda que concedêssemos que é, que concluiria ele? Que, se este homem, no caso de ser forte, fosse tão dependente dos outros como quando é fraco, não pararia diante de nenhum excesso, que bateria na sua mãe se ela tardasse demasiado em lhe dar de mamar, que estrangularia um dos seus irmãos mais novos se este o incomodasse, que morderia a perna do outro se fosse ferido ou perturbado. Mas o ser forte e dependente são duas suposições contraditórias no estado de natureza; o homem é fraco quando é dependente, e emancipado antes de ser forte. Hobbes não viu que a mesma causa que impede os selvagens de usar a sua razão, como pretendem os nossos jurisconsultos, os impede ao mesmo tempo de empregar mal as suas faculdades, como ele próprio pretende; de modo que se poderia dizer que os selvagens não são malvados exatamente porque não sabem o que é ser bom; porque não é o desenvolvimento da inteligência nem o freio da lei, mas o acalmar das paixões e a ignorância do vício que os impede de fazer o mal — *Tanto plus in illis proficit vitiorum ignoratio, quam in his cognitio virtutis*(*). Existe, aliás, um outro princípio que Hobbes não percebeu e que, tendo sido facultado ao homem para tornar mais branda, em certas circunstâncias, a ferocidade do seu amor-próprio ou o desejo de se conservar antes do nascimento desse amor (Nota XV), tempera o ardor que possui pelo seu bem-estar com uma repugnância inata em ver sofrer o seu semelhante. Não creio ter de recear qualquer contradição ao conceder ao homem a única virtude que o mais violento detrator das virtudes humanas foi obrigado a reconhecer. Falo da piedade, disposição favorável a seres tão fracos e sujeitos a tantos males como nós o somos; virtude tanto mais universal e mais útil ao homem quanto antecede nele o uso de toda a reflexão, e tão natural que os próprios animais dão disso alguns sinais percetíveis. Sem falar da ternura das mães pelos seus filhos, e dos perigos que, sem medo, enfrentam para os proteger, observa-se todos os dias a repugnância que os cavalos mostram em espezinhar um corpo vivo. Um animal não passa sem inquietação junto de um animal morto da sua espécie; há mesmo aqueles que lhes dão uma espécie de sepultura; e os tristes mugidos do gado quando entra num matadouro anunciam a impressão que recebe do horrível

---

(*) Tradução: «Nestes a ignorância dos vícios é mais eficaz do que naqueles o conhecimento do vício». (*N. do T.*)

espetáculo que o atinge. É com prazer que se vê o autor de *A Fábula das Abelhas*, forçado a reconhecer o homem como um ser compassivo e sensível, abandonar — no exemplo que dá — o seu estilo frio e subtil, para nos oferecer a patética imagem de um homem enjaulado que se apercebe, do lado de fora, de um animal feroz que arranca uma criança dos braços da sua mãe, quebrando-lhe os fracos membros com os seus dentes assassinos e rasgando as entranhas palpitantes dessa criança com as suas unhas. Que terrível agitação não sentirá esta testemunha de um acontecimento que não tem para ela nenhum interesse pessoal? Que angústias não sofrerá com a visão de não poder prestar qualquer auxílio à mãe desfalecida e ao filho moribundo?

Este é o puro movimento da natureza, anterior a toda a reflexão. Esta é a força da piedade natural, que os mais depravados costumes ainda têm dificuldade em destruir, visto ser comum, todos os dias, nos nossos teatros, ver alguém que, no lugar do tirano, agravaria mais ainda os tormentos do seu inimigo, enternecer-se e chorar os desaires de um qualquer desgraçado. [Como o sanguinário Sila, tão sensível aos males que não causara, ou esse Alexandre de Feras, que não arriscava assistir à representação de uma tragédia com receio de que o vissem gemer com Andrómaca e Príamo, enquanto escutava, sem emoção, os gritos de tantos cidadãos que eram diariamente degolados sob as suas ordens.

Mollissima corda
Humano generi dare se natura latetur,
Quae lacrymas.(*)]

(*) «A natureza, que deu as lágrimas ao homem, proclamou ter-lhe dado a piedade.» [Juvenal, *Sat. XV*, 151]. [Edição de 1782]. (*N. do T.*)

Mandeville viu claramente que, se a natureza não lhes tivesse dado a piedade como apoio da razão, os homens, com toda a sua moral, jamais se tornariam outra coisa que não monstros. Mas não viu que dessa única qualidade decorrem todas as virtudes sociais que quer negar aos homens. De facto, o que é a generosidade, a clemência, a humanidade, senão a piedade aplicada aos fracos, aos culpados ou à espécie humana em geral? A própria benevolência e amizade são, pensando bem, produtos de uma piedade constante, fixada num objeto particular: porque, desejar que alguém não sofra, que outra coisa significará senão desejar que seja feliz? Mesmo que fosse verdade que a comiseração é apenas um sentimento que nos coloca no lugar daquele que sofre, sentimento obscuro e vivo no homem selvagem, desenvolvido mas fraco no homem civil, que importância teria essa ideia para a verdade do que afirmo, exceto a de lhe dar mais força? De facto, a comiseração será tanto mais enérgica quanto mais intimamente o animal que observa se identificar com o animal que sofre. Pois bem, é evidente que essa identificação teve de ser infinitamente mais estreita no estado de natureza do que no estado racional. É a razão que gera o amor-próprio, e é a reflexão que a fortifica; é ela que faz o homem voltar-se para si mesmo; é ela que o separa de tudo o que o perturba e aflige. É a Filosofia que o isola; é por causa dela que diz, secretamente, na presença de um homem que sofre: morre se quiseres, estou em segurança. Só os perigos que ameaçam a sociedade inteira perturbam o sono tranquilo do filósofo e o arrancam do leito. Podemos degolar impunemente o seu semelhante debaixo da sua janela: tem apenas que tapar os ouvidos e debater um pouco consigo mesmo para impedir que a natureza, que nele se revolta, o identifique com aquele que se mata. O homem selvagem não possui este admirável talento; e, na ausência de sabedoria e razão, é possível vê-lo sempre entregar-se impetuosamente ao primeiro sentimento de humanidade. Nos motins, nas rixas das ruas, a populaça reúne-se, o homem prudente afasta-se: é a gentalha, são as mulheres dos mercados, que separam os combatentes e que impedem as gentes honestas de se degolarem mutuamente.

Não há dúvida, pois, de que a piedade é um sentimento natural que, moderando a atividade do amor de si em cada indivíduo, contribui para a conservação mútua de toda a espécie. É ela que nos leva a socorrer instintivamente aqueles que vemos sofrer; é ela que, no estado de natureza, assume o lugar das leis, dos costumes e da virtude, com a vantagem de ninguém se sentir tentado a desobedecer à sua voz amável; é ela que evitará que qualquer selvagem mais forte roube a uma criança mais fraca, ou o sustento tão penosamente conseguido a um velho enfermo, se ele próprio espera poder encontrar o seu noutro lado; é ela que, em lugar dessa máxima sublime de justiça racional, *faz a outrem o que gostavas que te fizessem*, inspira a todos os homens essa outra máxima de bondade natural bem menos perfeita mas mais útil, talvez, que a precedente: *faz o teu bem com o menor mal para outrem quanto possível*. Em suma, é neste sentimento natural, mais do que em argumentos subtis, que temos de procurar a origem da repugnância que todo o homem sentiria ao fazer mal, independentemente até das máximas da educação. Embora seja possível a Sócrates, e a espíritos da sua índole, adquirir a virtude através da razão, o género humano há muito que teria desaparecido se a sua conservação dependesse tão-somente dos raciocínios daqueles que o compõem.

Com paixões tão pouco intensas e um freio tão salutar, os homens, mais indomáveis do que malvados, e mais atentos a protegerem-se do mal que podiam sofrer do que tentados a infligi-lo a alguém, não se encontravam sujeitos a altercações muito perigosas: porque não tinham entre eles qualquer espécie de comércio; porque, nesta medida, não conheciam a vaidade, ou a consideração, ou a estima ou o desprezo; porque não possuíam a menor noção do teu e do meu ou uma verdadeira ideia da justiça; porque consideravam as violências que podiam sofrer como um mal fácil de reparar e não como uma ofensa que houvesse que punir; e porque não imaginavam sequer a vingança, a não ser instintivamente e no momento, como o cão que morde a pedra que lhe é lançada; as suas disputas raramente teriam tido consequências sangrentas se não existissem questões mais sensíveis do que a alimentação. Mas vejo uma mais perigosa de que ainda me falta falar.

Entre as paixões que agitam o coração do homem, há uma ardente, impetuosa, que torna um sexo necessário ao outro, uma paixão terrível que enfrenta todos os perigos, derruba todos os obstáculos e que, nos seus arrebatamentos, parece capaz de destruir o género humano que se destina a conservar. Em que se tornarão os homens, vítimas dessa fúria excessiva e brutal, sem pudor, sem moderação, e lutando todos os dias pelos seus amores às custas do seu sangue?

Em primeiro lugar, há que admitir que, quanto mais violentas são as paixões, mais as leis são necessárias para as conter. No entanto, além de o facto das desordens e dos crimes que estas provocam todos os dias entre nós mostrarem claramente a insuficiência das leis a esse respeito, seria bom examinar ainda se estas desordens não nasceram com as próprias leis; porque, nesse caso, mesmo se conseguissem reprimi-las, o facto de terem acabado com um mal que talvez não existisse se não fosse por elas, seria o mínimo que se lhes podia exigir.

Comecemos por distinguir o moral do físico no sentimento do amor. O físico é esse desejo geral que leva um sexo a unir-se ao outro; o moral é o que determina esse desejo e o fixa exclusivamente a um só objeto, ou que, ao menos, lhe confere um maior grau de energia para esse objeto preferido. Ora, é fácil ver que o aspeto moral do amor é um sentimento artificial: nasce nos costumes sociais e é celebrado pelas mulheres com muita habilidade e zelo de modo a estabelecer a sua influência e a tornar dominante o sexo que devia obedecer. Este sentimento, porque se funda em certas noções do mérito ou da beleza que um selvagem não está em condição de possuir, e em comparações que não é capaz de fazer, deve ser quase inexistente para ele. Na verdade, assim como o seu espírito não foi capaz de formar ideias abstratas como a regularidade e a proporção, também o seu coração não é suscetível a sentimentos como o de admiração e amor que, mesmo sem que nos apercebamos, nascem da aplicação destas ideias; ele escuta apenas o temperamento que recebeu da natureza e não o gosto(*) que foi incapaz de adquirir, e toda a mulher é boa para ele.

Limitados ao aspeto físico do amor, e afortunados por ignorarem essas preferências que lhes excitam o sentimento e lhes aumentam as dificuldades, os homens devem sentir com menor frequência e menos vivamente os ardores do temperamento e, em consequência, ter disputas mais raras e menos cruéis entre si. A imaginação, que tanta desolação origina entre nós, não fala a corações selvagens; todos esperam placidamente o impulso da natureza, cedem a ele sem pensar, com mais prazer do que furor e, satisfeita a necessidade, todo o desejo se extingue.

É, pois, incontestável que o próprio amor, assim como todas as outras paixões, só na sociedade tenha adquirido esse ardor impetuoso que o torna tantas vezes nocivo aos homens, e é tanto mais ridículo representar os selvagens a degolar-se constantemente uns aos outros para satisfazer a sua brutalidade quanto essa opinião é diametralmente oposta à experiência, e quanto aos Caribenhos, de todos os

---

(*) Desgosto [*dégout*] na edição de 1782. (*N. do T.*)

povos existentes aquele que menos se afastou até hoje do estado de natureza, são os mais brandos nos seus amores e os menos sujeitos à inveja, ainda que vivam num clima escaldante que parece dar sempre a estas paixões uma maior intensidade.

Quanto às deduções que se poderiam fazer das muitas espécies de animais a partir dos combates entre machos que cobrem de sangue as nossas capoeiras ao longo de todo o ano, ou que, na Primavera, fazem ecoar os seus gritos nas nossas florestas quando combatem pela fêmea, é preciso começar por excluir todas as espécies em que a natureza estabeleceu claramente, no poder relativo dos sexos, relações diferentes daquelas que estabeleceu entre nós. Neste sentido, os combates entre galos não permitem tirar qualquer conclusão relativamente à espécie humana. Nas espécies em que a proporção é mais bem observada, a causa destes combates só pode ser a raridade das fêmeas em relação ao número dos machos, ou os momentos de exclusão durante os quais a fêmea recusa constantemente a abordagem do macho, o que remete para a primeira causa; porque se cada fêmea só tolera o macho durante dois meses do ano, é como se o número de fêmeas fosse menor em cinco sextos. Ora, nenhum dos dois casos é aplicável à espécie humana cujo número de fêmeas supera geralmente o dos machos, e na qual nunca se observou, mesmo entre os selvagens, que as fêmeas tenham, como as outras espécies, tempos de cio e de rejeição. Além disso, entre muitos destes animais, quando toda a espécie entra ao mesmo tempo em efervescência, chega um momento terrível de ardor comum, de tumulto, de desordem, e de combate; momento que não tem lugar entre a espécie humana na qual o amor nunca é cíclico. Portanto, não se pode concluir dos combates de certos animais pela posse das fêmeas que a mesma coisa aconteceria ao homem no estado de natureza; e mesmo que fosse possível tirar essa conclusão, como estas dissensões não destroem as outras espécies, é razoável pensar que, pelo menos, não seriam mais nocivas à nossa, parecendo evidente que causariam aí ainda menos devastação do que na sociedade, sobretudo nos países onde os costumes ainda contam para alguma coisa, onde todos os dias a inveja dos amantes e a vingança dos maridos dão origem a duelos, assassinatos, e, pior ainda, onde o dever de uma eterna fidelidade serve apenas para produzir adultérios e onde as próprias leis da continência e da honra aumentam inevitavelmente o deboche e multiplicam os abortos.

Concluamos que, errando pelas florestas sem ocupação, sem palavra, sem domicílio, sem guerra e sem ligações, sem qualquer necessidade dos seus semelhantes e sem qualquer desejo de os prejudicar, talvez mesmo sem nunca conhecer nenhum individualmente, o homem selvagem, sujeito a poucas paixões e satisfazendo-se a si mesmo, tinha apenas os sentimentos e as luzes próprios desse estado, sentia apenas as suas verdadeiras necessidades, não considerava senão aquilo que acreditava ter interesse para ele, e a sua inteligência não progredia mais do que a sua vaidade. Se, por acaso, fazia alguma descoberta, podia comunicá-la tanto menos quanto não reconhecia sequer os próprios filhos. A arte morria com o inventor, não havia educação ou progresso, as gerações multiplicavam-se inutilmente; e todos partiam sempre do mesmo ponto, os séculos passavam-se com todo o primitivismo das primeiras épocas, a espécie estava já envelhecida e o homem mantinha-se sempre criança.

Se me alonguei tanto na hipótese desta condição primitiva, foi porque, para destruir antigos erros e preconceitos inveterados, acreditei ter de escavar até à raiz e mostrar na descrição do verdadeiro estado de natureza quanto a desigualdade, mesmo natural, está longe de ter, nesse estado, a realidade e a influência que os nossos autores pretendem.

De facto, é fácil verificar que, entre as diferenças que distinguem os homens, muitas das que passam por naturais são simplesmente resultado do hábito e dos diversos modos de vida que os homens adotam na sociedade. Assim, um temperamento forte ou delicado, juntamente com a força ou fraqueza que dele emana, resulta, muitas vezes, mais da maneira dura ou efeminada como se é educado do que da constituição primitiva dos corpos. Acontece o mesmo com as forças do espírito, e a educação não só inscreve uma diferença entre os espíritos cultivados e os que não o são, como aumenta a diferença que se observa entre os primeiros em proporção à sua cultura. Porque, quando um gigante e um anão percorrem o mesmo caminho, cada passo que um e outro fizerem dará uma nova vantagem ao gigante. Por isso, se compararmos a diversidade prodigiosa de educações e modos de vida que reina nas diferentes ordens do estado civil com a simplicidade e uniformidade da vida animal e selvagem, em que todos consomem os mesmos alimentos, vivem da mesma maneira e fazem exatamente as mesmas coisas, compreender-se-á quão menor deve ser a diferença de um homem em relação a outro no estado de natureza relativamente ao de sociedade e o quanto deve aumentar a desigualdade natural na espécie humana em virtude da desigualdade instituída.

Mas mesmo que a natureza revelasse tanta parcialidade quanto se pretende na distribuição dos seus benefícios, que vantagem retirariam os mais favorecidos, em prejuízo dos outros, num estado de coisas que não admitisse quase nenhuma espécie de relações entre eles? Onde não há amor, de que servirá a beleza? De que servirá o espírito a homens que não falam, e a astúcia àqueles que não têm quaisquer relações com os outros? Ouço reiteradamente afirmar que os mais fortes oprimirão os mais fracos; mas, expliquem-me o que se quer dizer com a palavra «opressão». Uns dominarão pela violência, outros gemerão subjugados a todos os seus caprichos. Eis, precisamente, o que observo entre nós, embora não veja como poderia o mesmo ser dito dos homens selvagens, aos quais se teria até dificuldade em explicar o que é a servidão e a dominação. Um homem poderá realmente apoderar-se dos frutos que um outro colheu, da caça que matou, do antro que lhe servia de asilo; mas como poderá ele alguma vez ser obedecido, e quais poderão ser os grilhões da dependência entre homens que não possuem nada? Se me expulsam de uma árvore, deixo-a e vou para outra; se me atormentam num lugar, quem me impedirá de ir para outro? Encontrar-se-á um homem com uma força muito superior à minha e, além disso, suficientemente depravado, preguiçoso e feroz para me forçar a prover à sua subsistência enquanto permanece desocupado? É preciso que se resolva a não me perder de vista um só instante, a manter-me debaixo de uma atenção muito grande enquanto dorme, com medo que escape ou que o mate: ou seja, é obrigado a expor-se voluntariamente a uma dificuldade muito maior do que aquela que procura evitar; e muito maior do que aquela que me causa. Depois de tudo isto, e se a sua vigilância relaxa? Se um ruído imprevisto lhe faz voltar a cabeça? Dou vinte passos para dentro da floresta, as minhas cadeias quebram-se e nunca mais me vê.

Sem prolongar inutilmente estes detalhes, cada um deve ver que, quando os laços da servidão se formam apenas da dependência mútua dos homens e das necessidades recíprocas que os unem, é impossível submeter um homem sem tê-lo posto antes na condição de não poder passar sem o outro; situação que, não existindo no estado de natureza, permite a cada um libertar-se do jugo e torna inconsequente a lei do mais forte.

Após ter provado que a desigualdade só a custo se vislumbra no estado de natureza e que a sua influência é aí quase nula, resta-me mostrar a sua origem e os seus avanços nos desenvolvimentos sucessivos do espírito humano. Depois de ter mostrado que a *perfetibilidade*, as virtudes sociais e as outras faculdades que o homem natural recebera em potência nunca se poderiam ter desenvolvido por si mesmas, que necessitavam para isso do contributo fortuito de múltiplas causas externas que talvez jamais se desenvolvessem e sem as quais teria continuado eternamente na sua condição(*) primitiva, falta-me considerar e relacionar os diferentes acasos que possibilitaram o aperfeiçoamento da razão humana ao mesmo tempo que deterioravam a espécie, criando um ser malvado ao torná-lo sociável, conduzindo, enfim, o homem e o mundo de um início tão remoto ao ponto em que os vemos.

Visto que os acontecimentos que tenho de descrever poderiam ter ocorrido de muitas maneiras, tenho de admitir que não posso escolher entre eles senão mediante conjeturas; no entanto, assim como essas conjeturas se transformam em razões quando são as mais prováveis que se podem extrair da natureza das coisas e os únicos meios possíveis de descobrir a verdade, também as conclusões que pretendo retirar das minhas não serão por isso conjeturais, porquanto seria impossível, sobre os princípios que acabo de estabelecer, construir qualquer sistema que não me desse os mesmos resultados e do qual não pudesse retirar as mesmas conclusões.

Este facto desobriga-me de desenvolver as minhas reflexões sobre como o intervalo de tempo compensa a pouca verosimilhança dos acontecimentos; sobre a espantosa força das causas muito superficiais quando agem ininterruptamente; sobre a impossibilidade em que nos encontramos de, por um lado, destruir certas hipóteses se, por outro, não estivermos em condição de lhes conferir o grau de certeza dos factos; sobre a questão de saber se, quando dois

(*) Constituição [*constituition*] na edição de 1782. (*N. do T.*)

factos dados como reais têm de ser ligados por uma série de factos intermédios, desconhecidos ou considerados como tal, cabe à História, se ela existir, facultar os factos que os ligam; e se, na sua ausência, cabe à filosofia determinar os factos similares que podem ligá-los; finalmente, em matéria de acontecimentos, se a similitude reduzir os factos a um número muito mais pequeno de classes diferentes do que se imagina. Basta-me oferecer estes objetos à consideração dos meus juízes; basta-me tê-lo feito de maneira a que os leitores comuns não sentissem necessidade de os considerar.

Segunda Parte

Aquele que após ter cercado um pedaço de terra primeiro afirmou «isto é meu», encontrando gente bastante simples para nele acreditar, foi o verdadeiro fundador da sociedade civil. Quantos crimes, guerras, assassínios, misérias e horrores não teria poupado ao género humano aquele que, arrancando as estacas ou enchendo a vala, tivesse gritado aos seus semelhantes: «Não deis ouvidos a esse impostor; estais perdidos se vos esqueceis que os frutos são de todos e que a terra não pertence a ninguém». Todavia, é muito provável que naquele tempo as coisas já tivessem chegado ao ponto de não se poderem manter mais como estavam; porque esta ideia de propriedade, dependente de muitas ideias anteriores que só gradualmente puderam despontar, não se formou de repente no espírito humano. Foram necessários bastantes progressos, muita arte e inteligência adquiridas, transmitidas e acumuladas de um tempo a outro antes de chegar a essa fase final do estado de natureza. Retomemos, então, as coisas um pouco mais atrás e juntemos sob um único ponto de vista essa lenta sucessão de acontecimentos e de conhecimentos na sua ordem mais natural.

O primeiro sentimento do homem foi o da sua existência, o primeiro cuidado o da sua conservação. Os produtos da terra fornecem-lhe tudo aquilo de que precisa, o instinto leva-o a usá-los. Além da fome e de outros apetites que o fizeram experimentar sucessivamente diversas maneiras de existir, houve um que o incitou a perpetuar a sua espécie; e esta inclinação cega, despojada de qualquer sentimento do coração, produzia apenas um ato puramente animal. Uma vez satisfeita a necessidade, os dois sexos não mais se reconheciam, e o próprio filho já nada significava para a mãe logo que podia passar sem ela.

Era esta a condição do homem no estado inicial; era esta a vida de um animal a princípio limitado às puras sensações, que com dificuldade usufruía dos dons que a natureza lhe oferecia e longe de imaginar lutar com ela por algo; porém, de imediato surgiram certas dificuldades e foi necessário aprender a superá-las: a altura das árvores que o impedia de atingir os seus frutos, a concorrência de animais que procuravam alimento, a ferocidade daqueles que queriam tirar-lhe a própria vida, tudo o obrigou a aplicar-se nos exercícios do corpo; teve de se tornar ágil, rápido na corrida, vigoroso no combate. As armas naturais, como os ramos de árvore e as pedras, depressa estavam ao seu alcance. Aprendeu a ultrapassar os obstáculos da natureza, a combater os outros animais em caso de necessidade, a lutar pela sua subsistência com os próprios homens, ou a compensar-se por aquilo que tinha de ceder ao mais forte.

À medida que o género humano se expandiu, as dificuldades multiplicaram-se com os homens. A diferença entre os terrenos, os climas, as estações, pode ter forçado as diferenças nos seus estilos de vida. Anos estéreis, invernos longos e agrestes, verões escaldantes que tudo consomem, exigiram deles uma nova arte. Ao longo do mar e rios, inventaram a linha e o anzol e tornaram-se pescadores e ictiófagos. Nas florestas, fizeram arcos e flechas, tornando-se caçadores e guerreiros. Nos países frios, cobriram-se de peles dos animais que matavam. O relâmpago, um vulcão ou um qualquer acaso feliz deu-lhes a conhecer o fogo, novo recurso contra o rigor do inverno; aprenderam a conservar esse elemento, depois a reproduzi-lo e, por fim, a cozinhar as carnes que antes devoravam cruas.

Esta interação reiterada dos diversos seres com ele próprio, [e de uns com os outros(*)], terá naturalmente criado na mente do homem perceções de certas relações. Estas relações, que exprimimos pelas palavras «grande», «pequeno», «forte», «fraco», «rápido», «lento», «medroso», «arrojado», e outras tantas ideias similares, comparadas quando necessário, e quase sem pensar nisso, produziram nele, finalmente, um tipo qualquer de reflexão, ou melhor, uma prudência maquinal que lhe indicava as precauções mais indispensáveis à sua segurança.

O novo saber resultante deste desenvolvimento aumentou a sua superioridade sobre os outros animais, tomando consciência dela. Aprendeu a montar-lhes armadilhas, a iludi-los de mil maneiras, e conquanto muitos o superassem em força na luta ou em velocidade na corrida, quanto àqueles que podiam ser-lhe úteis ou prejudicá-lo tornou-se, com o tempo, o senhor de uns e o flagelo dos outros. Foi assim que o primeiro olhar lançado sobre si mesmo produziu o primeiro sentimento de orgulho; foi assim que, ainda com dificuldade em distinguir a hierarquia, e considerando-se o primeiro como espécie, se ia preparando, à distância, para reclamar o de primeiro como indivíduo.

Embora os seus semelhantes não fossem para ele aquilo que são para nós, e embora não mantivesse um maior contacto com eles do que com os outros animais, eles não

---

(*) Edição de 1782. (*N. do T.*)

foram esquecidos nas suas observações. As conformidades que o tempo o levara a perceber entre eles, a sua fêmea e ele próprio, fizeram-no avaliar aqueles que não observava, e quando verificou que se comportavam todos como ele se teria comportado em iguais circunstâncias, concluiu que a sua maneira de pensar e de sentir era inteiramente conforme à sua, e essa importante verdade, bem enraizada no seu espírito, fê-lo seguir, por via de um pressentimento tão certo e mais célere do que a dialética, as melhores regras de conduta que, para seu benefício e segurança, lhe convinha observar para com eles.

Instruído pela experiência de que o amor do bem-estar é o único motivo para as ações humanas, estava em condição de distinguir entre as raras ocasiões em que o interesse comum podia fazê-lo contar com a assistência dos seus semelhantes e aquelas, ainda mais raras, em que a competição o levava a desconfiar deles. No primeiro caso, unia-se com eles em bando, ou quando muito numa qualquer espécie de associação livre que não obrigava ninguém e que durava apenas a necessidade passageira que a formara. No segundo, cada um procurava garantir a vantagem para si mesmo, fosse recorrendo à força bruta se acreditasse consegui-lo, fosse por habilidade e subtileza se sentisse ser o mais fraco.

Este poderá ter sido o modo como os homens adquiriram, sem disso se darem conta, uma ideia rudimentar dos compromissos mútuos e da vantagem em assumi-los, mas apenas enquanto o interesse presente e percetível o exigisse; porque a previdência nada significava para eles, e porque, longe de se ocuparem com um futuro longínquo, nem sequer no amanhã pensavam. Se acaso se tratasse de apanhar um veado, todos sabiam claramente que deviam para isso manter fielmente o seu posto; mas estivesse uma lebre ao alcance de um deles, não se duvide de que a perseguiria sem quaisquer escrúpulos, e que, depois de caçar a sua presa, pouco se preocuparia com o facto de os seus companheiros haverem perdido a sua.

Compreende-se facilmente que uma tal interação não exigisse uma linguagem muito mais refinada do que as das gralhas ou dos macacos, que se agrupam de um modo mais ou menos idêntico. Durante muito tempo, certos gritos inarticulados, muitos gestos e alguns ruídos imitativos devem ter constituído a língua universal, à qual a junção, em cada região, de alguns sons articulados e convencionais — cuja instituição, como já disse, não é muito fácil de explicar — gerou algumas línguas particulares, conquanto grosseiras, imperfeitas e mais ou menos próximas daquelas que diversas nações selvagens têm hoje. Salto rapidamente vários séculos, forçado pelo tempo que passa, pela abundância de coisas que tenho para dizer e pelo progresso quase impercetível desde as origens; porque, quanto mais lentamente se sucedem os acontecimentos, mais rapidamente se podem descrever.

Em suma, estes avanços iniciais permitem ao homem fazer progressos ainda mais rapidamente. Quanto mais o espírito se iluminava, mais o engenho se aperfeiçoava. Mal deixaram de dormir sob a primeira árvore, ou de se retirarem para cavernas, perceberam que podiam usar algumas espécies de machados de pedras duras e cortantes que serviam para talhar madeira, escavar a terra e fazer cabanas usando ramagens, que mais tarde pensaram em cobrir de argila e lama. Esta foi a época de uma primeira revolução que gerou o estabelecimento e a diferenciação das famílias e que introduziu uma espécie de propriedade; a qual, quem sabe, terá já originado muitas querelas e combates. Porém, como os mais fortes foram provavelmente os primeiros a construir habitações que sentiam poder defender, é crível que os fracos julgassem ser mais simples e mais seguro imitá-los do que tentar desalojá-los; e quanto àqueles que já possuíam cabanas, quase nenhum terá pensado em apropriar-se da do seu vizinho, não tanto porque ela não lhe pertencia, mas porque lhe era inútil, e porque não podia apoderar-se dela sem se expor a um acirrado confronto com a família que a ocupava.

Os primeiros desenvolvimentos do coração foram a consequência de uma situação nova que reunia, numa habitação comum, os maridos e as mulheres, os pais e os filhos; o hábito de viver em conjunto originou os mais doces sentimentos conhecidos pelos homens: o amor conjugal e o amor paterno. Cada família tornou-se uma pequena sociedade, tanto mais unida quanto a ligação recíproca e a liberdade representavam os seus únicos laços; e foi assim que se instaurou a primeira diferença na maneira de viver entre os dois sexos que até esse instante fora uniforme. As mulheres tornaram-se mais sedentárias e habituaram-se a guardar a cabana e os filhos, ao passo que o homem ia procurar o sustento comum. Os dois sexos começaram também, graças a uma vida um pouco mais fácil, a perder alguma coisa da sua ferocidade e do seu vigor. Mas se cada um, separadamente, se tornou menos apto a combater os animais selvagens, em contrapartida foi mais fácil a sua reunião para lhes resistir em conjunto.

Nesta nova condição, com uma vida simples e solitária, com necessidades muito limitadas e com os instrumentos que inventaram para as satisfazer, os homens, usufruindo de bastante tempo livre, empregaram-no a ganhar várias espécies de comodidades que os seus progenitores desconheciam. E, sem se darem conta disso, foi este o primeiro jugo que impuseram a si mesmos e a primeira causa dos males que propiciaram aos seus descendentes; porque, além de continuarem a amolecer o corpo e o espírito, estas comodidades, na medida em que se tornaram habituais, perderam quase todo o seu encanto, degenerando ao mesmo tempo em verdadeiras carências, tornando a sua privação muito mais cruel do que a sua posse era doce, e o homem mais miserável do que feliz em possuí-las.

Percebe-se agora um pouco melhor a forma como o uso da palavra se estabeleceu ou se aperfeiçoou, subtilmente, no seio de cada família, sendo ainda possível conjeturar o modo como diversas causas conseguiram estender a linguagem e acelerar-lhe o progresso, tornando-o mais necessário. Grandes inundações ou tremores de terra cercaram de águas ou precipícios as regiões habitadas; revoluções do globo separaram certas porções do continente e esculpiram-nas em ilhas. Parece mais plausível que um idioma comum se tenha formado entre homens tão próximos uns dos outros e forçados a viver em comunidade do que entre aqueles que erravam livremente nas florestas da terra firme. Como tal, é muito possível que, após as suas primeiras tentativas de navegação, os insulares tenham trazido até nós o uso da palavra; e é, pelo menos, muito provável que a sociedade e as línguas tenham nascido nas ilhas e se tenham aí aperfeiçoado antes de serem conhecidas no continente.

Tudo começa a mudar de figura. Os homens, até aqui errantes nos bosques, ao assumirem uma posição mais fixa, vão-se aproximando lentamente, reúnem-se em diversos grupos e formam, por fim, em cada região, uma nação particular, unida nos costumes e caracteres, não por regras e leis, mas pelo mesmo género de vida e de alimentação e pela influência comum do clima. Uma vizinhança permanente não pode deixar de gerar, afinal, uma qualquer ligação entre diversas famílias. Alguns jovens de diferentes sexos habitam cabanas vizinhas, o contacto passageiro exigido pela natureza logo conduz a um outro não menos aprazível e mais regular pela convivência mútua; habituam-se a considerar diferentes objetos e a fazer comparações; adquirem subtilmente ideias de mérito e de beleza que produzem sentimentos de preferência. De tanto se verem, já não podem passar sem se ver ainda mais. Insinua-se na alma um sentimento afetuoso e doce, e a menor oposição torna-se um furor impetuoso. A inveja desperta com o amor; a discórdia triunfa e a mais doce das paixões recebe sacrifícios de sangue humano.

À medida que as ideias e os sentimentos se sucedem, que o espírito e o coração se exercitam, o género humano continua a domesticar-se, as ligações alargam-se e os laços estreitam-se. Criou-se o costume de se reunir diante das cabanas ou em torno de uma grande árvore. O canto e a dança, verdadeiros filhos do amor e do prazer, tornaram-se o divertimento ou, antes, a ocupação de homens e de mulheres desocupados e agrupados. Começaram todos a olhar uns para os outros e a querer, eles próprios, ser olhados, e o reconhecimento público ganhou um preço. Aquele que cantava ou dançava melhor; o mais belo, o mais forte, o mais hábil ou o mais eloquente tornou-se o mais respeitado, e foi este o primeiro passo para a desigualdade e, simultaneamente, para o vício. Destas primeiras preferências nasceram, por um lado, a vaidade e o desprezo e, por outro, a vergonha e a inveja; e a fermentação causada por estes novos elementos produziu, enfim, compostos nocivos à felicidade e à inocência.

Assim que os homens começaram a avaliar-se uns aos outros, e que a ideia de reconhecimento se formou no seu espírito, todos se acharam no direito a ele e não mais foi possível recusá-lo impunemente a ninguém. Daí resultaram os primeiros deveres de civilidade mesmo entre os selvagens, e todo o erro voluntário se transformou numa afronta, porque juntamente com o mal que resultava da injúria, o ofendido via nela o desprezo da sua pessoa, amiúde mais insuportável que o próprio mal. Foi deste modo que as vinganças se tornaram terríveis, os homens sanguinários e cruéis, punindo o desprezo a que eram votados de um modo proporcional à sua avaliação do caso.

Eis, exatamente, o grau a que chegou grande parte dos povos selvagens que hoje conhecemos; e foi por não terem distinguido suficientemente as ideias e reconhecido o quão longe estes povos estavam já do primeiro estado de natureza que muitos se apressaram a concluir que o homem é naturalmente cruel e que necessita da ordem política para o amansar, embora nada fosse tão manso como ele no seu estado primitivo, quando, colocado pela natureza a igual distância da estupidez dos brutos e das luzes funestas do homem civil, além de constrangido pelo instinto e pela razão a proteger-se do mal que o ameaça, era refreado pela piedade natural de fazer mal a quem quer que fosse, sem que nada o levasse a isso, mesmo após o ter sofrido. De facto, seguindo o axioma do sábio Locke: «Onde não houver propriedade não haverá injustiça.» (*)

Mas sublinhe-se que a sociedade já instituída e as relações já estabelecidas entre os homens exigiam neles qualidades distintas daquelas que resultavam da sua constituição primitiva; porque, no momento em que a moralidade se começa a introduzir nas ações humanas, e cada um, antes das leis, se assume como o único juiz e vingador das ofensas que recebeu, a bondade que convém ao puro estado de natureza já não era aquela que convinha à sociedade nascente. Era agora preciso que as punições se tornassem mais severas à medida que as ocasiões para ofender se tornavam mais frequentes, cabendo ao terror das vinganças o lugar do freio das leis. Assim, embora os homens se viessem a tornar menos resistentes e a piedade natural sofresse já uma certa diminuição, este período de desenvolvimento das faculdades humanas, ocupando

---

(*) Tradução portuguesa: Locke, *Ensaios sobre o Entendimento Humano*, Introdução, notas e coordenação da tradução de Eduardo Abranches de Soveral, Volume II, Livro IV, cap. III (Lisboa: F. C. G., 2005), p. 755. (*N. do T.*)

um justo meio entre a indolência do estado primitivo e a petulante atividade do nosso amor-próprio, deve ter sido a época mais feliz e a mais duradoura. Quanto mais se reflete nisto, mais se percebe que esse estado era o menos exposto a revoluções, o melhor para o homem (Nota XVI), que deverá ter saído dele apenas por um infeliz acidente que, para o bem comum, jamais deveria ter ocorrido. O exemplo dos selvagens, quase todos já encontrados por esta altura, parece confirmar que o género humano estava feito para aí continuar para sempre, que esse estado era a verdadeira infância do mundo e que todos os progressos ulteriores representaram, aparentemente, outros tantos passos para a perfeição do indivíduo e, na verdade, para a decrepitude da espécie.

Enquanto os homens se contentaram com as suas rústicas cabanas, enquanto se limitaram a coser as suas roupas de peles com agulhas de pinheiros e espinhas de peixes, a enfeitar-se de penas e conchas, a pintar o corpo de diversas cores, a aperfeiçoar ou embelezar os seus arcos e flechas, a talhar com pedras afiadas algumas canoas de pesca ou alguns instrumentos de música rudimentares; numa palavra, enquanto se dedicaram a trabalhos que um só indivíduo podia realizar e a artes que não necessitavam da colaboração de várias mãos viveram livres, saudáveis, bons e felizes, tanto quanto o podiam ser naturalmente, continuando a gozar entre si os prazeres de uma convivência independente. No entanto, a partir do momento em que um homem precisou da ajuda de outro; a partir do momento que percebeu que era útil a um ter provisões para dois, a igualdade desapareceu, introduziu-se a propriedade, o trabalho tornou-se indispensável e as imensas florestas transformaram-se em campos aprazíveis que era preciso regar com o suor dos homens e nos quais se viu a escravatura e a miséria germinar e crescer com as colheitas.

A metalurgia e a agricultura foram as duas artes cuja invenção produziu essa grande revolução. Para o poeta foi o ouro e o dinheiro, mas para o filósofo foram o ferro e o trigo que civilizaram os homens e desgraçaram o género humano; quer um quer outro eram desconhecidos para os selvagens da América, que, por isso, se conservaram sempre na mesma condição; até os outros povos parecem ter permanecido bárbaros enquanto praticaram uma dessas artes sem [praticar] a outra; e talvez uma das melhores razões para a Europa ter sido, se não mais cedo, pelo menos mais constantemente e mais bem organizada politicamente do que as outras partes do mundo, foi o facto de ela ser, ao mesmo tempo, a mais abundante em ferro e a mais fértil em trigo.

É muito complicado imaginar o modo como os homens vieram a conhecer e a empregar o ferro, porque não é possível que, por si mesmos, tenham pensado extrair a matéria da mina e dar-lhe os tratamentos necessários para a fundir antes de saberem o que resultaria desse processo. Por outro lado, é ainda menos plausível atribuir essa descoberta a algum incêndio acidental, uma vez que as minas não se formam senão em locais áridos e despidos de árvores e de plantas, de um modo que quase se diria que a natureza procurou precaver-se escondendo-nos este segredo fatal. Destarte, resta apenas a circunstância extraordinária de algum vulcão, que, ao vomitar matérias metálicas derretidas, terá dado aos observadores a ideia de imitar essa operação da natureza; além disso, é preciso pressupor que tivessem bastante coragem e visão para empreender um trabalho tão penoso e considerar com tanto avanço as vantagens que podiam retirar disso; o que condiz apenas com espíritos já mais amadurecidos do que eles deviam ter.

Quanto à agricultura, o seu princípio foi conhecido muito antes de a sua prática ter sido estabelecida, e é quase impossível que os homens, sempre ocupados a tirar a sua subsistência das árvores e das plantas, não tivessem muito rapidamente a noção das vias que a natureza emprega para a produção dos vegetais. Mas o seu engenho não se voltou, provavelmente, senão muito tarde para esse lado, fosse porque as árvores, que com a caça e a pesca lhes forneciam o alimento, não tivessem necessidade dos seus cuidados, fosse por falta de conhecer o uso do trigo, fosse por falta de instrumentos para o cultivar, fosse por falta de preocupação com a necessidade futura, fosse, enfim, por falta de meios para impedir os outros de se apropriarem do fruto do seu trabalho. Depois de se terem tornado mais engenhosos, é possível supor que, com pedras afiadas e com paus pontiagudos, começaram por cultivar alguns legumes ou raízes em torno das suas cabanas muito tempo antes de saberem preparar o trigo e de possuírem os instrumentos necessários para a cultura em grande escala, sem contar com o facto de que, para se entregarem a essa ocupação e semearem as terras, tiveram de decidir, antes de mais, perder alguma coisa para, em seguida, ganhar muito; uma preocupação muito distante do espírito do homem selvagem que, como já disse, tem bastante dificuldade em pensar de manhã as necessidades que terá à noite.

A invenção das outras artes foi, portanto, necessária para forçar o género humano a aplicar-se à da agricultura. Logo que passou a haver necessidade de homens para fundir e forjar o ferro, foram precisos outros para os alimentar. Quanto mais se multiplicou o número de trabalhadores, menos mãos foram empregadas a prover a subsistência de todos, sem que houvesse menos bocas para consumir; e como uns precisavam de víveres em troca do ferro, outros descobriram, finalmente, o segredo de usar o ferro para a multiplicação dos alimentos. Nasce então, por um lado, a lavoura e a agricultura e, por outro, a arte de trabalhar os metais e de lhes multiplicar os usos.

Ao cultivo das terras, segue-se inevitavelmente a sua partilha, e à propriedade, uma vez reconhecida, seguiram-se as primeiras regras de justiça. Porque para dar a cada um o seu, é preciso que cada um possa ter alguma coisa; ademais, quando os homens começaram a lançar o seu olhar para o futuro e viram que todos tinham alguns bens a perder, não havia um só que não temesse represálias contra si pelos males que podia fazer a outrem. Esta origem é tão mais natural quanto é impossível de conceber a ideia de que a propriedade teve outra origem que não a mão de obra, porquanto não se imagina que outra coisa pode o homem dar, além do seu trabalho, para se apropriar das coisas que não fez. Posto que só o trabalho dá ao cultivador o direito sobre o produto da terra que lavrou, também lhe dá, por conseguinte, o direito sobre ela, pelo menos até à colheita, que, assim, de ano para ano, graças a uma posse contínua, se vai facilmente transformando em propriedade. Quando os antigos, diz Grócio, deram a Ceres o epíteto de legisladora, e a uma festa celebrada em sua honra o nome de Tesmofórias, quiseram com isso dar a entender que a partilha das terras produziu uma nova espécie de direito: a saber, o direito de propriedade diferente daquele que resulta da lei natural.

Neste estado, as coisas podiam ter permanecido inalteradas se os talentos tivessem sido iguais, e se, por exemplo, entre o emprego do ferro e o consumo de alimentos o balanço tivesse sido sempre equilibrado. Mas a proporção, que nada conseguia manter, foi rapidamente quebrada: o mais forte realizava mais trabalho, o mais hábil tirava mais vantagem do seu, o mais engenhoso encontrava meios de o abreviar, o lavrador tinha mais necessidade de ferro ou o ferreiro mais necessidade de trigo, e trabalhando o mesmo um ganhava muito enquanto o outro vivia com dificuldade. É desta forma que a desigualdade natural se desenvolve subtilmente a par da desigualdade de associação, e que as diferenças entre os homens, acentuadas pelas diferenças de circunstâncias, se tornam mais sensíveis, mais permanentes nos seus efeitos, começando a influir sobre o destino dos indivíduos na mesma proporção.

Tendo as coisas chegado a este ponto, não custa imaginar o resto. Não me alongarei a descrever a invenção sucessiva das outras artes, o progresso das línguas, a experiência e o exercício dos talentos, a desigualdade dos destinos, o uso ou abuso das riquezas, nem todos os detalhes que se seguem a estes e que cada um pode facilmente acrescentar. Limitar-me-ei apenas a lançar um breve olhar sobre o género humano situado nesta nova ordem das coisas.

Eis, então, desenvolvidas todas as nossas faculdades, a memória e a imaginação a funcionar, o amor-próprio vivo, a razão agora ativa e o espírito quase no limite da perfeição de que é capaz. Aqui estão todas as qualidades naturais em ação, o lugar e o destino de cada homem determinado não somente em relação à quantidade de bens e ao poder de servir ou de prejudicar, mas em relação ao espírito, à beleza, à força ou habilidade, em relação ao mérito ou aos talentos, e visto que estas qualidades seriam as únicas capazes de granjear o reconhecimento, logo se revelou fundamental possuí-las ou afetá-las, mostrar-se outro que não aquele que efetivamente se era. Ser e parecer tornaram-se duas coisas completamente distintas, e dessa distinção saíram a pompa exagerada, a manha falaciosa e todos os vícios que compõem o seu séquito. Por outro lado, se antes o homem era livre e independente, graças a uma miríade de novas carências ei-lo agora submetido, por assim dizer, a toda a natureza e, acima de tudo, aos seus semelhantes, de quem acaba por ser, num certo sentido, o escravo, ainda que se torne o seu senhor: quando rico, precisa dos seus serviços; quando pobre, carece do seu auxílio, e a modéstia de meios não o torna capaz de os dispensar. Deste modo, é forçoso que consiga que [os outros] se interessem sempre pelo seu destino e que encontrem, de facto ou na aparência, o seu próprio benefício enquanto trabalham para o seu, o que leva a que seja dissimulado e manhoso com uns, imperioso e duro com outros, colocando-o na necessidade de abusar de todos aqueles de quem precisa quando não se faz temer e quando não considera ser do seu interesse servi-los utilmente. Finalmente, a ambição insaciável, o desejo ardente de elevar o seu destino relativo, mais para se colocar acima dos outros do que por uma verdadeira carência, inspira em todos os homens uma triste tendência para se maltratarem, uma secreta inveja tão mais perigosa quanto assume com frequência a máscara da benevolência de forma a desferir um golpe com mais segurança; numa palavra, concorrência e rivalidade, por um lado, oposição de interesses, por outro, e sempre o desejo oculto de ganhar o seu à custa dos outros. Todos estes males são os primeiros efeitos da propriedade e o cortejo inseparável da desigualdade nascente.

Antes de se terem inventado os sinais representativos da riqueza, era difícil que eles consistissem noutra coisa que não em terras e em gado, os únicos bens reais que os homens podiam possuir. Ora, quando as heranças aumentaram em número e em extensão ao ponto de cobrirem toda a terra e de se juntarem umas às outras, os homens já não puderam crescer exceto às custas uns dos outros, e quanto aos restantes, que a fraqueza ou indolência impediu que as adquirissem por si mesmos, agora pobres sem nada terem perdido, pois só eles não tinham mudado quando tudo mudou à sua volta, foram obrigados a receber ou a roubar a sua subsistência da mão dos ricos, iniciando-se então, de acordo com os diversos temperamentos de uns e outros, a dominação e a servidão ou a violência e as pilhagens. Os ricos, por sua vez, mal sentiram o prazer de dominar, desprezaram de imediato todos os outros [prazeres] e, usando os seus antigos escravos para submeter outros novos, pensaram somente em subjugar e escravizar os seus vizinhos, como esses lobos esfomeados que, tendo provado uma vez carne humana, recusam qualquer outro alimento e desejam apenas comer homens.

Desta forma, quando os mais poderosos e os mais miseráveis, fazendo da sua força ou das suas necessidades uma espécie de direito ao bem do outro, equivalente, segundo eles, ao de propriedade, seguiu-se, à igualdade desfeita, a mais horrível desordem. Foi assim que as usurpações dos ricos, as pilhagens dos pobres, as paixões desenfreadas de todos, sufocando a piedade natural e a voz ainda frágil da justiça, tornaram os homens avaros, ambiciosos e malvados. Entre o direito do mais forte e o direito do primeiro ocupante, irrompia um conflito eterno que findava apenas através de combates e assassínios (Nota XVII). A sociedade nascente deu lugar ao mais terrível estado de guerra. O género humano, corrompido e devastado, não podendo já voltar atrás ou renunciar às aquisições nefastas que fizera, e trabalhando unicamente para sua desonra através da perversão das faculdades que o enobrecem, coloca-se a ele próprio na antecâmara da ruína.

Attonitus novitate Mali, divesque miserque,
Effugere opta topes, et quae modo voverat, odit.(*)

É impossível que os homens não tenham, afinal, refletido sobre uma situação tão miserável e nas calamidades que os oprimiam. Os ricos, sobretudo, devem ter sentido de imediato quão desvantajosa lhes era uma guerra perpétua custeada apenas por eles e na qual todos arriscavam a vida e só alguns arriscavam os bens. Ademais, independentemente do modo como retrataram as suas usurpações, sentiam

---

(*) «Atónito com a inédita desgraça, rico e também miserável, anseia escapar à riqueza e odeia o que há pouco desejava.» Tradução portuguesa: Ovídio, *Metamorfoses*, tradução de Paulo Farmhouse Alberto, Livro XI (Lisboa: Cotovia, 2007), vv 127-8. (*N. do T.*)

claramente que estas se fundavam unicamente sobre um direito precário e abusivo e que, obtidas apenas pela força, a força podia retirar-lhas sem que houvesse razão para se lamentarem. Mesmo aqueles que tinham enriquecido apenas devido ao engenho, dificilmente podiam fundar a sua propriedade sobre melhores direitos. Não importa que digam: fui eu que construí este muro; mereci este terreno graças ao meu trabalho. Quem vos deu as medidas, perguntar-lhes-iam, e qual a razão para pretenderdes ser pago às nossas custas por um trabalho que não vos exigimos? Ignorais vós que uma multidão dos vossos irmãos morre ou sofre da privação do que tendes em demasia, e que necessitais de um consentimento explícito e unânime do género humano para retirares da subsistência comum tudo o que exceder a vossa? Destituído de razões válidas para se justificar, e de força suficiente para se defender; podendo esmagar facilmente um indivíduo, mas abatido ele próprio por grupos de bandidos; só contra todos e incapaz de aliar-se em razão de invejas mútuas com os seus pares contra inimigos unidos pela esperança comum da pilhagem, o rico, pressionado pela necessidade, concebe, finalmente, o projeto mais bem refletido que alguma vez surgiu ao espírito humano: usar em seu favor as próprias forças daqueles que o atacavam, fazer dos seus adversários os seus defensores e inspirar-lhes outras máximas e outras instituições tão favoráveis a ele quanto o direito natural lhe era contrário.

Para este fim, após ter exposto aos seus vizinhos o horror de uma situação que os armava uns contra os outros, que tornava as suas posses tão onerosas para eles como as suas carências, e na qual ninguém encontrava segurança na pobreza e na riqueza, foi com facilidade que inventou razões especiosas para os conduzir ao seu objetivo. «Unamo-nos — diz-lhes — para proteger os fracos da opressão, conter os ambiciosos e assegurar a cada um a posse daquilo que lhe pertence. Instituamos regras de justiça e de paz às quais todos estejam obrigados a obedecer, que não favoreçam ninguém e que, de algum modo, compensem os caprichos da fortuna ao submeter ao mesmo tempo o forte e o fraco a deveres mútuos. Numa palavra, ao invés de voltarmos as nossas forças contra nós mesmos, reunamo-las sob um poder supremo que nos governa segundo sábias leis, que protege e defende todos os membros da associação, repele os inimigos comuns e nos mantém numa harmonia eterna.»

Não foi preciso um discurso semelhante a este para arrebatar homens rudes, fáceis de seduzir, que tinham, de resto, demasiados assuntos para resolver entre si para poderem dispensar um árbitro e demasiada avareza e ambição para serem capazes de passar sem senhores por muito tempo. Acreditando assegurar a sua liberdade, todos correm para as suas cadeias, porque, embora com bastantes razões para sentir os benefícios de uma organização política, não possuíam experiência suficiente para lhe antecipar os perigos. Os mais capazes de pressentir os abusos eram precisamente aqueles que contavam lucrar com eles, e os próprios sábios perceberam que tinham de decidir-se a sacrificar uma parte da sua liberdade para conservar a outra, como um ferido que corta o braço para salvar o resto do corpo.

Foi esta, ou deve ter sido esta, a origem da sociedade e das leis que deram novos entraves ao fraco e novas forças ao rico (Nota XVIII), que destruíram irreversivelmente a liberdade natural, que fixaram para sempre a lei da propriedade e a desigualdade, que de uma hábil usurpação fizeram um direito irrevogável e que, para lucro de alguns ambiciosos, subjugaram a partir desse momento todo o género humano ao trabalho, à servidão e à miséria. Vê-se sem dificuldade como o estabelecimento de uma só sociedade tornou indispensável o estabelecimento de todas as outras, e como, para fazer frente a forças unidas, tiveram, por sua vez, de aliar-se. As sociedades, multiplicando-se e expandindo-se com rapidez, logo cobriram toda a superfície da terra, tornando inimaginável encontrar um só canto no universo onde fosse possível libertar-se do jugo e desviar a cabeça de uma espada, tantas vezes mal usada, que o homem mira perpetuamente suspensa sobre si. Dado que a lei civil se tornou a regra comum dos cidadãos, a lei da natureza passou a vigorar somente entre as diferentes sociedades, onde, sob a designação de direito das gentes, foi temperada por algumas convenções tácitas para tornar o comércio possível e substituir a comiseração natural, que, ao perder quase toda a força que tinha de sociedade para sociedade, de homem para homem, já só habita em [algumas grandes almas cosmopolitas que transpõem essas barreiras imaginárias que separam os povos e que, a exemplo do Ser Supremo que as criou, abraçam todo o género humano na sua benevolência(*)].

Permanecendo assim entre eles no estado de natureza, os corpos políticos sentiram de imediato os inconvenientes que haviam forçado os indivíduos a deixá-lo, e este estado tornou-se ainda mais nocivo entre estes grandes corpos do que tinha sido antes junto dos indivíduos que os compunham. Daí resultaram as guerras nacionais, as batalhas, os assassínios, as represálias que fazem tremer a natureza e chocam a razão, e todos os preconceitos horríveis que colocam entre as virtudes a honra de derramar o sangue humano. As gentes mais honestas aprenderam a contar entre os seus deveres o de degolar o seu semelhante; vimos, enfim, homens massacrarem-se aos milhares sem saberem

---

(*) Rousseau corrige esta passagem pelo próprio punho no exemplar da obra que envia a Richard Davenport, em 1767. Nele se lê: «algumas grandes almas cosmopolitas dignas de transpor essas barreiras imaginárias que separam os povos e de abraçar todo o género humano na sua benevolência, a exemplo do Ser Supremo que as criou». (*N. do T.*)

porquê; cometeram-se mais assassinatos num só dia de combate e mais horrores na conquista de uma única cidade do que aqueles que se cometeram no estado de natureza ao longo de séculos inteiros em toda a face terrestre. São estes os primeiros efeitos que se entreveem da divisão do género humano em diferentes sociedades. Voltemos ao seu estabelecimento.

Eu sei que muitos atribuíram outras origens às sociedades políticas, como as conquistas do mais forte ou a união dos fracos, e a escolha entre estas causas não faz qualquer diferença em relação ao que desejo afirmar. Não obstante, a que acabo de expor parece-me a mais natural pelas seguintes razões: 1) porque, no primeiro caso, não sendo o direito de conquista um direito, não pôde fundar nenhum outro, pois que o conquistador e os povos conquistados mantêm-se sempre entre si num estado de guerra, a menos que a nação, reposta em plena liberdade, escolha voluntariamente o seu conquistador como seu chefe. Até esse instante, independentemente dos termos das capitulações acordadas, como estas se basearam apenas na violência, tornando-se assim nulas em virtude desse mesmo facto, não pode haver, segundo esta hipótese, nem verdadeira sociedade, nem corpo político, nem outra lei senão a do mais forte; 2) porque, no segundo caso, as palavras «forte» e «fraco» são equívocas, já que no intervalo que se verifica entre o estabelecimento do direito de propriedade, ou de primeiro ocupante, e o dos governos políticos, o sentido destes termos é mais bem dado pelos termos «pobre» e «rico», visto que, de facto, um homem não tinha antes das leis outro meio de subjugar os seus iguais a não ser atacando os seus bens ou oferecendo-lhes alguns dos seus; 3) porque para os pobres, que nada têm a perder exceto a sua liberdade, teria constituído uma loucura enorme privar-se voluntariamente do único bem que lhes restava sem ganhar nada em troca; pelo contrário, sendo os ricos, por assim dizer, sensíveis a tudo o que diz respeito aos seus bens, seria muito mais fácil fazer-lhes mal, tomando eles, por conseguinte, muito mais precauções na sua proteção; e, por último, porque é razoável crer que uma coisa foi inventada por aqueles a quem ela é útil mais do que por aqueles a quem é prejudicial.

O governo nascente não gozaria de uma forma constante e regular. A ausência de filosofia e de experiência só deixava entrever os inconvenientes atuais e não se pensava em solucionar os outros senão à medida que se manifestavam. A despeito de todos os esforços dos mais sábios legisladores, o estado político permaneceu sempre imperfeito, uma vez que era quase obra do acaso e porque, desde o início, nunca conseguiu reparar os vícios da constituição. Foi constantemente remendado, ao passo que teria sido necessário começar por limpar o ar e afastar todos os velhos materiais, como fez Licurgo em Esparta, para construir de seguida um bom edifício. A princípio, a sociedade consistiu tão-somente em algumas convenções gerais que todos os indivíduos se comprometiam a observar e para as quais a comunidade se tornava uma garantia. Seria preciso que a experiência mostrasse quão fraca era uma constituição como esta, e quão fácil era aos infratores evitar a condenação ou o castigo das faltas das quais só ao público cabia ser a testemunha e o juiz; a lei teria de ser iludida de mil maneiras, e os inconvenientes e as desordens multiplicados infindamente, para que se pensasse, enfim, em confiar a particulares o perigoso depósito da autoridade pública e a magistrados o cuidado de fazer observar as deliberações do povo. Porquanto afirmar que os chefes foram escolhidos antes de a confederação ter sido criada, e que os ministros das leis existiram antes das próprias leis, é uma hipótese impossível de discutir seriamente.

Não seria mais razoável acreditar que, no início, os povos se lançaram nos braços de um senhor absoluto, sem condições e sem retorno, e que o primeiro meio de prover à segurança comum, que homens orgulhosos e indómitos tinham imaginado, foi o de se precipitar na escravatura. De facto, qual a razão para se terem dado a si mesmos [autoridades] superiores, se não para os defender contra a opressão e proteger os seus bens, as suas liberdades e as suas vidas, que são, por assim dizer, os elementos constitutivos do seu ser? Ora, posto que, nas relações de homem a homem, o pior que pode acontecer a alguém é ver-se à mercê de outro, não se teria revelado contrário ao bom senso o terem começado por colocar nas mãos de um chefe as únicas coisas para cuja conservação necessitavam do seu auxílio? Que contrapartida teria ele podido oferecer-lhes para a concessão de um tão belo direito? E se tivesse ousado exigi-lo sob o pretexto de os defender, não teria recebido imediatamente a resposta da fábula: que mais nos fará o inimigo?(*) É, pois, incontestável, representando a máxima fundamental de todo o direito político, que os povos deem a si mesmos chefes para defender a sua liberdade e não para os subjugar. *Se temos um príncipe*, dizia Plínio a Trajano, *é para que nos livre de ter um dono* (**).

Os [nossos(***)] políticos propõem os mesmos sofismas acerca do amor pela liberdade que os [nossos(****)] filósofos conceberam sobre o estado de natureza. A partir das coisas que veem, ajuízam sobre coisas muito diferentes que não viram e atribuem aos homens uma inclinação natural para a servidão por observarem a paciência com que a suportam aqueles que têm diante de si, sem pensar que aquilo que

(*) Segundo Starobonski, Rousseau parece referir-se aqui à fábula VIII do Livro VI das *Fábulas* de La Fontaine, *Le vieillard et l'âne*. (*N. do T.*)

(**) Plínio, *Panegírico de Trajano*, LV, 7. (*N. do T.*)

(***) Edição de 1782. (*N. do T.*)

(****) Edição de 1782. (*N. do T.*)

é verdade para a liberdade o é também para a inocência e para a virtude cujo valor se aprecia apenas enquanto são desfrutadas, deixando de sentir gosto por elas assim que as perdemos. «Conheço os encantos do teu país», dizia Brásidas a um sátrapa, que comparava a vida de Esparta à de Persépolis, «mas tu não podes conhecer os prazeres do meu.»

Como um corcel indomado sacode a crina, bate com o pé no chão e se debate impetuosamente ao simples surgir do freio, enquanto um cavalo domado sofre pacientemente o chicote e a espora, o homem bárbaro não curva a cabeça ao jugo que o homem civilizado suporta sem lamentos e prefere a mais tempestuosa liberdade a uma submissão tranquila. Por conseguinte, não é à custa do envilecimento dos povos subjugados que se deve julgar das disposições naturais do homem para ou contra a servidão, mas a partir das maravilhas que todos os povos livres forjaram para evitar a opressão. Eu sei que os primeiros não fazem outra coisa senão elogiar repetidamente a paz e o repouso de que gozam nas suas cadeias, e que *miserrimam servitutem pacem apellant*(*), mas quando vejo os outros sacrificar os prazeres, o repouso, a riqueza, o poder e a própria vida pela conservação desse único bem tão desprezado por aqueles que o perderam; quando eu vejo animais nascidos livres e com horror ao cativeiro partir a cabeça contra as grades da sua jaula; quando eu vejo multidões de selvagens nus desprezar as volúpias europeias e enfrentar a fome, o fogo, o ferro e a morte apenas para manterem a sua independência, sinto que não caberá a escravos refletir sobre a liberdade.

Quanto à autoridade paterna, da qual muitos derivaram o governo absoluto e toda a sociedade, sem ter de recorrer às provas contrárias de Locke e de Sidney, bastará assinalar que nada no mundo está mais afastado do espírito feroz

(*) «É uma miserável servidão aquilo a que chamam paz», Tácito, *Histórias*, IV, 17. (*N. do T.*)

do despotismo do que a doçura dessa autoridade que olha mais para a vantagem daquele que obedece do que para a utilidade do que comanda; que, pela lei da natureza, o pai só é o senhor da criança enquanto a sua ajuda lhe é necessária, que findo esse prazo se tornam iguais e que, nesse instante, o filho, perfeitamente independente do pai, lhe deve tão-somente respeito e não obediência; porque a gratidão é claramente um dever que é preciso cumprir, mas não um direito que se possa exigir. Em lugar de afirmar que a sociedade civil deriva do poder paterno, seria preciso dizer, pelo contrário, que é dela que este poder tira a sua principal força. Um indivíduo só foi reconhecido como pai de muitos quando permaneceram reunidos em torno dele; os bens do pai, dos quais é verdadeiramente o senhor, são os laços que retêm os filhos na sua dependência e ele pode [decidir] não lhes dar uma parte da sua herança que não seja proporcional àquela que terão merecido por uma contínua deferência às suas vontades. No caso dos súbditos, longe de terem qualquer graça semelhante a esperar do seu déspota — já que lhe pertencem pessoalmente, eles e tudo aquilo que possuem, ou, pelo menos, é isso que ele afirma —, limitam-se a receber, como um benefício, o que ele lhes deixa dos seus próprios bens; faz justiça quando os espolia; presta-lhes um favor quando os deixa viver.

Se continuássemos, portanto, a examinar os factos a partir do direito, o estabelecimento voluntário da tirania provar-se-ia tão pouco sólido quanto verdadeiro, e seria difícil mostrar a validade de um contrato que obrigasse apenas uma das partes [e] pelo qual se garantiria tudo a um lado e nada ao outro e que se revelasse prejudicial apenas àquele que se compromete. Este sistema odioso está muito longe de ser, mesmo hoje, o dos sábios e bons monarcas, e sobretudo dos reis de França, como se pode ver em diversas passagens dos seus éditos e, em particular, na seguinte passagem de um célebre texto, publicado em

1667, em nome e por ordem de Luís XIV: *Que não se afirme, pois, que o soberano não está sujeito às leis do seu Estado, visto que a proposição contrária é uma verdade do direito das gentes, que a bajulação por vezes desacreditou, mas que os bons príncipes sempre defenderam como uma divindade tutelar dos seus estados. Quão mais legítimo é dizer, com o sábio Platão, que a perfeita felicidade de um reino consiste na obediência dos súbditos ao seu príncipe, que o príncipe obedeça à lei e que a lei seja justa e sempre orientada para o bem público.* Posto que a liberdade é a mais nobre das faculdades do homem, não me alongarei a investigar se não será degradar a sua natureza colocarmo-nos ao nível dos animais escravos do instinto, se não significará mesmo ofender o autor do nosso ser a renúncia sem reserva ao mais precioso de todos os seus dons, permitir-se cometer todo o tipo de crimes que [Ele] nos proíbe para aquiescer a um senhor feroz ou insensato, ou ainda se esse sublime obreiro deve ficar mais agastado por ver destruída a sua mais bela obra ou por vê-la desonrada. [Ignorarei, se assim se preferir, a autoridade de Barbeyrac, que afirma claramente, na esteira de Locke, que ninguém pode vender a sua liberdade ao ponto de se submeter a um poder arbitrário que o tratasse como quisesse. *Porque*, acrescento, *isso seria vender a própria vida, da qual não somos donos*(*).](**)

(*) Cf. Locke, *Dois Tratados do Governo Civil*, tradução de Miguel Morgado (Lisboa: Edições 70), Livro II, §23. «Esta liberdade como independência do poder absoluto e arbitrário é tão necessária e está tão estreitamente associada à preservação do homem que ele não pode abdicar dela sem prescindir também da sua preservação e da sua vida. Porquanto um homem, não tendo poder sobre a sua própria vida, não pode por convenção, nem pelo seu próprio consentimento, fazer-se escravo de outrem, nem submeter-se ao poder absoluto e arbitrário de outro homem para lhe tirar a vida quando desejar. Ninguém pode dar mais poder do que possui; e aquele que não pode tirar a vida a si mesmo não pode dar a outro homem poder sobre ela.» (*N. do T.*)

(**) Edição de 1782. (*N. do T.*)

Perguntarei apenas: que direito assistiu àqueles que não recearam rebaixar-se a este ponto de submeterem a sua posteridade à mesma ignomínia e renunciarem, em seu nome, a bens que ela não deve à sua liberalidade e sem os quais a própria vida representa um fardo para todos os que são dignos dela?

Pufendorf declara(*) que, do mesmo modo que transferimos os nossos bens para outrem mediante convenções e contratos, é possível desfazer-nos também da nossa liberdade em prol de qualquer outro. Este é, parece-me, um raciocínio muito frágil; porque, antes de mais, o bem que eu alieno torna-se uma coisa totalmente estranha a mim, e a sua perversão é-me indiferente; mas é importante para mim que a minha liberdade não seja violada e não posso arriscar a tornar-me o instrumento do crime sem vir a ser culpado do mal que me forçarão a cometer. Além disso, uma vez que o direito de propriedade não é senão uma convenção e uma instituição humana, todo o homem pode dispor do que possui a seu bel-prazer. Mas o mesmo não se aplica aos dons essenciais da natureza, como a vida e a liberdade, que a todos é permitido usufruir e dos quais é no mínimo duvidoso que tenha o direito de se desfazer. Ao privarmo-nos de uma, o nosso ser degrada-se; ao privarmo-nos da outra, aniquilamo-la enquanto reside em nós; e como nenhum bem temporal pode compensar uma e outra, renunciar a elas a qualquer preço significaria ofender, ao mesmo tempo, a natureza e a razão. Mas mesmo que fosse possível alienar a sua liberdade como se faz com os bens, a diferença seria muito grande para os filhos que não gozassem dos bens do pai senão através da transmissão do seu direito, ao passo que a liberdade, sendo um dom que devem à natureza na qualidade de homens, os seus pais

---

(*) Cf. Pufendorf, *Le droit de la nature et des gens*, VII, Cap. III, §1. (*N. do T.*)

não têm qualquer direito de os privar dela; de modo que, assim como foi preciso violentar a natureza para estabelecer a escravatura, foi preciso mudá-la para perpetuar esse direito, e os jurisconsultos que afirmaram solenemente que o filho de um escravo nasceria escravo decidiram, por outras palavras, que um homem não nasceria homem.

Parece-me, então, claro que os governos não só não tiveram início com o poder arbitrário, que representa tão-somente a sua corrupção, o seu estádio derradeiro, e que por fim os remete para a lei única do mais forte, para a qual foram, a princípio, o remédio, mas também que, mesmo se tivessem tido início dessa forma, este poder, sendo pela sua natureza ilegítimo, não pôde servir de fundamento aos direitos da sociedade nem, por conseguinte, à desigualdade instituída.

Sem entrar agora em investigações que estão ainda por fazer sobre a natureza do pacto fundamental de todo o governo, limito-me, seguindo a opinião comum(*), a considerar aqui o estabelecimento do corpo político como um verdadeiro contrato entre o povo e os chefes que escolhe para si, contrato pelo qual as duas partes se obrigam à observação de leis que nele são estipuladas e que formam os laços da sua união. Tendo o povo, quanto às relações sociais, reunido todas as suas vontades numa só, todos os artigos sobre os quais essa vontade se pronuncia tornam-se outras tantas leis fundamentais que obrigam os membros do estado sem excepção, uma das quais regulamentando a escolha e o poder dos Magistrados(**) encarregados de cuidar da execução das outras. Este poder estende-se a tudo o que pode manter a constituição sem ir ao ponto

---

(*) A opinião comum estava plasmada no artigo «Autoridade política», de Diderot, para a *Enciclopédia*. (*N. do T.*)

(**) Segundo Jean Starobinski, Rousseau pensa em «rei» quando escreve «magistrado». (*N. do T.*)

de mudá-la. A isso se juntam honras que tornam as leis e os seus ministros respeitáveis, e, para estes pessoalmente, prerrogativas que os compensam pelos trabalhos árduos que uma boa administração requer. O magistrado, por seu lado, obriga-se a não usar do poder que lhe é confiado senão segundo a intenção dos comitentes, a manter cada um na fruição tranquila do que lhe pertence e a preferir, em toda a ocasião, a utilidade pública ao seu próprio interesse.

Antes de a experiência ter mostrado ou o conhecimento do coração humano ter levado [os homens] a prever os excessos inevitáveis de uma tal constituição, ela teve de parecer tanto melhor quanto aqueles que estavam encarregados de velar pela sua conservação eram, eles próprios, os mais interessados nela; porque a magistratura e os seus direitos, não estando estabelecidos senão sobre leis fundamentais, assim que estas fossem destruídas, os magistrados deixariam de ter legitimidade, o povo já não seria obrigado a obedecer-lhes, e como não fora o magistrado mas a lei a constituir a essência do Estado, todos regressariam por direito à sua liberdade natural.

Se refletíssemos um pouco nisto com atenção, isto mesmo se confirmaria por novas razões, e se veria, pela natureza do contrato, que não poderia ser irrevogável. Porquanto, se não houvesse um poder superior capaz de garantir a fidelidade dos contratantes, ou que os forçasse a cumprir os seus compromissos recíprocos, as partes seriam juízes únicos em causa própria e cada uma delas teria sempre o direito de renunciar ao contrato logo que sentisse que a outra violara as condições ou que estas tivessem deixado de lhes convir. É sobre este princípio que o direito de abdicar parece ter sido fundado. Ora, considerando, como fazemos aqui, apenas a instituição humana, se o magistrado, que tem todo o poder na mão e se apropria de todas as vantagens do contrato tivesse contudo o direito de renunciar à sua autoridade, por maioria de razão, o povo, que paga todos os desmandos dos chefes, devia ter o direito de renunciar à dependência. No entanto, as dissensões terríveis, as desordens infinitas que este perigoso poder necessariamente provocaria, mostram mais do que tudo o quanto os governos humanos precisavam de uma base mais sólida que a simples razão, e quanto era necessário à paz pública que a vontade divina interviesse para conferir à autoridade soberana um carácter sagrado e inviolável que negasse aos sujeitos o funesto direito de dispor dela. Ainda que a religião tivesse dado apenas este bem aos homens, isso bastaria para que devessem todos acarinhá-la e adotá-la, mesmo com seus excessos, pois que poupa ainda mais sangue do que aquele que o fanatismo derrama. Mas sigamos o fio da nossa hipótese.

Os diversos tipos de governo devem a sua origem às diferenças mais ou menos acentuadas que se verificaram entre os indivíduos no momento da instituição. Havia apenas um homem superior em poder, em virtude, em riquezas ou em confiança? Então, apenas ele era eleito magistrado e o Estado tornou-se monárquico; se muitos, quase iguais entre si, superavam todos os outros, a eleição era conjunta e nasceu uma aristocracia; aqueles cuja fortuna ou talentos eram menos desiguais e menos se afastaram do estado de natureza, assumiram em conjunto a administração suprema e formaram uma democracia. O tempo confirmou qual destas formas era a mais vantajosa para os homens. Uns continuaram submetidos unicamente às leis, os outros não tardaram a obedecer a senhores. Os cidadãos quiseram manter a sua liberdade, os súbditos pensaram somente em negá-la aos seus vizinhos, porquanto lhes era insuportável que outros gozassem de um bem que eles próprios já não podiam fruir. Em suma, foram as riquezas e as conquistas, por um lado, a felicidade e a virtude, por outro.

Nestes vários governos, todas as magistraturas foram, a princípio, eletivas; e quando a riqueza não imperava, a preferência incidia sobre o mérito, que proporcionava um ascendente natural, e sobre a idade, que oferecia experiência nos assuntos e sangue-frio nas deliberações. Os anciãos dos Hebreus, os gerontes de Esparta, o senado de Roma e a própria etimologia da nossa palavra «senhor» (*), revelam quão respeitada era a velhice noutros tempos. Quanto mais as eleições recaíam em homens avançados na idade, mais frequentes se tornaram, e mais as dificuldades se faziam sentir; surgiram as intrigas, formaram-se fações, os partidos assanharam-se, deflagraram guerras civis, enfim, o sangue dos cidadãos foi sacrificado à pretensa felicidade do Estado, e quase regressámos à anarquia das épocas anteriores. A ambição dos mais preeminentes beneficiou destas circunstâncias para perpetuarem os seus cargos no seio das suas famílias. O povo, já habituado à dependência, à tranquilidade e às comodidades da vida, e já sem condições de quebrar os seus grilhões, consentiu no agravamento da sua servidão para reforçar a sua tranquilidade, e foi assim que os chefes, agora hereditários, se habituaram a considerar a sua magistratura como um bem de família, a considerarem-se como os proprietários do Estado do qual não eram, inicialmente, senão os funcionários, a chamar aos seus concidadãos seus escravos, a contá-los como gado entre o número de coisas que lhes pertenciam e a designar-se a si mesmos iguais aos deuses e reis dos reis.

Se seguirmos o progresso da desigualdade nestas diferentes revoluções, verificaremos que o estabelecimento da lei e do direito de propriedade foi a sua primeira fase, a instituição da magistratura a segunda, e a terceira e última, a mudança do poder legítimo em poder arbitrário. Assim,

(*) Do latim *senior.* (*N. do T.*)

o estado de riqueza e pobreza foi autorizado pela primeira época, o de forte e fraco pela segunda e a de senhor e escravo pela terceira, que corresponde ao último grau da desigualdade e o fim para o qual tendem, afinal, todos os outros, até ao momento em que novas revoluções dissolvem o governo totalmente ou o aproximam da instituição legítima.

Para compreender a necessidade deste desenvolvimento, há que considerar não tanto os motivos do estabelecimento do corpo político quanto a forma que assume na sua execução e os inconvenientes que acarreta. Porquanto os vícios que tornam as instituições sociais necessárias são os mesmos que tornam os seus excessos inevitáveis; e como as leis — com a única exceção de Esparta, onde a lei velava principalmente pela educação das crianças e onde Licurgo estabeleceu tais costumes que acrescentar-lhes [novas] leis era quase desnecessário — [são], em geral, menos fortes do que as paixões e contêm os homens sem os modificar, seria fácil provar que qualquer governo que, sem se corromper ou alterar, marchasse sempre exactamente segundo o fim da sua instituição, teria sido instituído desnecessariamente, e que um país onde ninguém iludisse a lei e não abusasse da magistratura não necessitaria nem de magistrados nem de leis.

As distinções políticas conduzem inevitavelmente às distinções civis. A desigualdade crescente entre o povo e os seus chefes faz-se sentir de imediato entre os indivíduos e assume aí mil formas consoante as paixões, os talentos e as ocorrências. O magistrado não saberia usurpar um poder ilegítimo sem criar protegidos aos quais é obrigado a ceder uma parte desse poder. Além disso, os cidadãos só se deixam oprimir enquanto são arrastados por uma cega ambição, e, como olham mais para baixo do que para cima deles, consideram a dominação mais querida do que a independência e consentem em carregar os seus grilhões para que os possam impor. É muito difícil reduzir à obediência aquele que não procura comandar, e o político mais hábil jamais seria capaz de submeter homens que apenas desejassem ser livres. Mas a desigualdade estende-se sem dificuldade entre almas ambiciosas e cobardes, sempre prontas a correr os riscos da fortuna e em dominar ou servir quase indiferentemente, consoante lhes seja favorável ou não. Terá chegado, pois, um tempo em que o olhar do povo se fascinou a tal ponto que, aos seus líderes, bastava dizer ao mais insignificante dos homens «Sê grande, tu e a tua raça», e de súbito parecia grande a toda a gente bem como aos seus próprios olhos e os seus descendentes ainda mais engrandecidos se mostravam, à medida que dele se iam afastando. Quanto mais recuada e incerta a causa, mais o efeito aumentava; quantos mais preguiçosos se podia contar numa família, mais ilustre ela se tornava.

Se fosse este o lugar para ir ao pormenor, explicaria facilmente como, [mesmo sem a intervenção do governo(*)], a desigualdade na confiança e na autoridade se torna inelutável entre os indivíduos (Nota XIX), logo que, reunidos numa mesma sociedade, são impelidos a comparar-se e a considerar as diferenças que descobrem no comércio contínuo que têm de estabelecer entre uns e outros. Estas diferenças são de muitas espécies; mas a riqueza, a nobreza ou o estatuto, o poder e o mérito pessoal, são, em geral, as principais distinções pelas quais todos se medem na sociedade, permitindo-me provar que o acordo ou o conflito destas diversas forças representa a indicação mais segura de um estado bem ou mal constituído; mostraria que entre estas quatro espécies de desigualdade, com as qualidades pessoais a serem a origem de todas as outras, a riqueza é a última à qual se reduzem no final, visto que, sendo a mais imediatamente útil ao bem-estar e a mais fácil de

(*) Edição de 1782. (*N. do T.*)

transmitir, serve facilmente para comprar tudo o resto. Esta observação permite avaliar exatamente até que ponto cada povo se afastou da sua instituição primitiva e do caminho que percorreu até ao estádio final da corrupção; faria notar o quanto este desejo universal de reputação, de honrarias e de privilégios, que a todos devora, molda e compara os talentos e as forças, o quanto ele excita e multiplica as paixões, e, ao tornar os homens adversários, rivais, ou antes inimigos, quantos reveses, sucessos e catástrofes de toda a espécie causa todos os dias, fazendo entrar na mesma liça tantos competidores; mostraria que é a esse forte desejo de que falem de si, a essa fúria de distinção, que quase sempre nos deixa fora de nós, que devemos o que existe de melhor e de pior entre os homens, as nossas virtudes e os nossos vícios, as nossas ciências e os nossos erros, os nossos conquistadores e os nossos filósofos, ou seja, uma multidão de coisas más contra um pequeno número de boas; provaria, enfim, que, se um punhado de poderosos e de ricos é visto no auge da grandeza e da fortuna ao mesmo tempo que a massa rasteja na obscuridade e na miséria, é porque os primeiros só apreciam as coisas que possuem enquanto os outros estão privados delas, e que, sem haver uma mudança na sua condição, a sua felicidade cessaria se o povo deixasse de ser miserável.

Estes detalhes, no entanto, seriam, por si só, matéria para uma obra considerável na qual se pesariam as vantagens e as desvantagens de todo o governo quanto aos direitos do estado de natureza, e em que se revelariam todas as diferentes máscaras que a desigualdade assumiu até hoje, e poderá assumir ao longo dos séculos [futuros(*)], segundo a natureza destes governos e as revoluções que o tempo forçosamente trará. Veríamos a multidão ser oprimida internamente como consequência das próprias precauções

(*) Edição de 1782. (*N. do T.*)

que tomou contra o que a ameaçava do exterior; veríamos a opressão crescer continuamente sem que os oprimidos pudessem alguma vez saber qual o seu fim ou que meios legítimos lhes restariam para a repelir; veríamos os direitos dos cidadãos e as liberdades nacionais extinguir-se pouco a pouco, e as reclamações dos fracos tratadas como queixumes sediciosos; veríamos a política reduzir a honra de defender a causa comum a uma porção mercenária do povo; veríamos advir daí a necessidade de impostos, o agricultor desalentado abandonar o seu próprio campo durante a paz e deixar o arado para cingir a espada; veríamos nascer as regras mortais e bizarras da questão de honra; veríamos os defensores da pátria, mais cedo ou mais tarde, tornar-se inimigos, e um tempo chegaria em que os ouviríamos dizer ao opressor do seu país:

Pectore si fratis gladium juguloque parentis
Condere me jubeas, gravidaeque in viscera partu
Conjugis, invita peragam tamen omnia dextra.(*)

Da extrema desigualdade das condições e das fortunas, da diversidade das paixões e dos talentos, das artes inúteis, das artes perniciosas, das ciências frívolas, resultaram um grande número de preconceitos, tão contrários à razão quanto à felicidade e à virtude; ver-se-ia fomentar pelos chefes tudo aquilo que pode enfraquecer homens associados, desunindo-os; tudo o que pode dar à sociedade um ar de aparente concórdia e semear aí um germe de divisão real; tudo o que pode inspirar às diferentes ordens uma desconfiança e um ódio mútuo em conflito com os seus

(*) «Se me ordenas que crave a espada no peito do meu irmão, ou na garganta do meu pai, ou ainda nas entranhas da minha esposa grávida, fá-lo-ei, mesmo que contra a vontade do meu braço direito.» (Lucano, *Farsália*, I, 36). (*N. do T.*)

direitos e os seus interesses e fortificar, deste modo, o poder que os abrange a todos.

É do seio desta desordem e destas revoluções que o despotismo, erguendo pouco a pouco a sua cabeça hedionda e devorando tudo aquilo que pudesse ter encontrado como bom e salutar em todo o Estado, acabaria finalmente por espezinhar as leis e o povo e estabelecer-se sobre as ruínas da república. Os tempos que antecederiam esta última transformação seriam tempos de distúrbios e calamidades; porém, no final, tudo seria engolido pelo monstro e os povos não mais teriam chefes ou leis, apenas tiranos. Desse momento em diante, deixaria de ser também uma questão de costumes e de virtude, pois onde quer que reine o despotismo, *cui ex honesto nulla est spes*(*), nenhum outro senhor é tolerado; assim que profere a sua palavra, é inútil consultar a probidade ou o dever, e a única virtude que resta aos escravos é a mais cega obediência.

Eis o último estádio da desigualdade e o derradeiro ponto que encerra o círculo e toca aquele de onde partimos. Aqui todos os indivíduos se tornam de novo iguais porque nada são, e dado que os súbditos já não têm outra lei senão a do senhor, ou o senhor outra regra além das suas paixões, as noções do bem e os princípios da justiça desaparecem uma vez mais. Aqui tudo se reduz de novo à lei única do mais forte e, como tal, a um novo estado de natureza distinto daquele pelo qual começámos, na medida em que o primeiro representava o estado de natureza na sua pureza, e este último o fruto de um excesso de corrupção. A diferença entre estes dois estados é, aliás, tão pequena, e o contrato de governo está de tal modo corrompido pelo despotismo, que o déspota só é senhor enquanto for o mais forte, e assim que é possível expulsá-lo, nada pode objetar

---

(*) «Onde a honestidade não oferece qualquer esperança.» (Tácito, *Histórias*, I, 21).

contra a violência. O motim que acaba por matar ou destronar um sultão é um ato tão jurídico quanto aquele graças ao qual dispunha, na véspera, das vidas e bens dos seus súbditos. Só a força o mantém, só a força o derruba; tudo se passa, pois, segundo a ordem natural; e seja qual for o resultado destas curtas e frequentes revoluções, ninguém se pode lamentar da injustiça de outrem, mas unicamente da sua própria imprudência ou do seu infortúnio.

Descobrindo e seguindo assim as vias esquecidas e perdidas que terão conduzido o homem do estado natural ao estado civil, restaurando, juntamente com as fases intermédias que acabo de assinalar, aquelas que a pressão do tempo obrigou a suprimir ou que a imaginação não sugeriu, o leitor atento não deixará de se impressionar com o espaço imenso que separa estes dois estados. É nesta lenta sucessão das coisas que encontrará a solução para uma infinidade de problemas de moral e de política que os filósofos não sabem resolver. Sentirá que o género humano de uma época não é o género humano de uma outra época, razão pela qual Diógenes não encontrava nenhum homem, pois que procurava entre os seus contemporâneos o homem de um tempo já passado. Catão, dirá ele, morreu com Roma e a liberdade, porque estava deslocado no seu século, e o maior dos homens limitou-se a espantar um mundo que teria governado cinco séculos antes. Em resumo, saberá explicar de que modo a alma e as paixões humanas, alterando-se de forma impercetível, mudam, por assim dizer, de natureza; a razão para as nossas necessidades e prazeres mudarem de objeto com o tempo; [saberá explicar] à medida que o homem natural vai desaparecendo, o motivo para que a sociedade já não ofereça aos olhos do sábio senão um amontoado de homens artificiais e de paixões ilusórias, que são o fruto de todas estas novas relações e não possuem verdadeiro fundamento na natureza. O que a reflexão nos ensina a este respeito, a observação confirma-o plenamente: o homem selvagem e o homem civilizado diferem de tal forma no seu íntimo e nas suas inclinações que aquilo que é a felicidade suprema de um reduziria o outro ao desespero. O primeiro respira apenas o repouso e a liberdade, só quer viver e continuar ocioso, e nem a ataraxia do estoico se compara com a sua profunda indiferença para com todas as coisas. Ao contrário, o cidadão sempre ativo sua, agita-se, atormenta-se constantemente na procura de ocupações ainda mais laboriosas; trabalha até à morte, corre até para ela quando procura vivê-la, renuncia à vida para adquirir a imortalidade. Faz a corte aos grandes que odeia e aos ricos que despreza; não poupa nada para obter a honra de os servir; vangloria-se orgulhosamente da sua baixeza e da sua proteção e, ufano da sua servidão, fala com desdém daqueles que não têm a honra de a partilhar. Que espetáculo para um caribenho, esses penosos e invejados trabalhos de um ministro europeu! Quantas mortes cruéis não preferiria esse indolente selvagem ao horror de uma semelhante vida, que muitas vezes nem sequer é adoçada pelo prazer de fazer o bem? Contudo, para apreciar o propósito de tantos cuidados, seria preciso que estas palavras, «poder» e «reputação», possuíssem um sentido no seu espírito; teria de aprender que existe uma espécie de homens que dá importância à forma como o resto do universo os olha, que é capaz de ser feliz e alegre consigo mesmo baseando-se mais no testemunho de outros do que no seu próprio. É esta, na realidade, a verdadeira causa de todas estas diferenças: o selvagem vive em si mesmo; o homem sociável, sempre fora de si, apenas sabe viver na opinião dos outros, e, por assim dizer, é unicamente do seu juízo que tira o sentimento da sua própria existência. Não faz parte do meu tema mostrar aqui como é que uma tal disposição gera tanta indiferença pelo bem e pelo mal, com tão belos discursos moralistas; como é que reduzindo tudo a aparências, tudo se torna fictício e encenado; honra, amizade, virtude e amiúde os próprios vícios, nos quais descobrimos, afinal, o segredo da glorificação. Em suma, perguntando sempre aos outros o que somos e nunca ousando interrogar-nos a nós próprios, como é que no meio de tanta filosofia, humanidade, delicadeza e máximas sublimes, não temos senão um falso e frívolo exterior, honra sem virtude, razão sem sabedoria e prazer sem felicidade. Satisfaz-me ter provado que este não é o estado original do homem e que é unicamente o espírito da sociedade, a par da desigualdade que engendra, que altera e corrompe todas as nossas inclinações naturais.

Procurei expor a origem e o progresso da desigualdade, o estabelecimento e excessos das sociedades políticas tanto quanto estas coisas se podem deduzir da natureza do homem apenas pelas luzes da razão e não obstante os dogmas sagrados que concedem à autoridade soberana a sanção do direito divino. Conclui-se desta exposição que a desigualdade, quase inexistente no estado de natureza, extrai a sua força e o seu crescimento do desenvolvimento das nossas faculdades e dos avanços do espírito humano, tornando-se por fim estável e legítima através do estabelecimento da propriedade e das leis. Conclui-se, também, que a desigualdade moral, autorizada apenas pelo direito positivo, é contrária ao direito natural sempre que não é diretamente proporcional à desigualdade física; distinção que, a este respeito, determina suficientemente o que se deve pensar do tipo de desigualdade que reina entre todos os povos civilizados, porquanto é manifestamente contra a lei de natureza, seja qual for a definição que lhe dermos, que uma criança comande um velho, que um imbecil oriente um homem sábio e que um punhado de pessoas transborde de luxos enquanto falta o necessário à multidão esfomeada.

Notas

Nota I (p. 27)

Heródoto conta que, após o assassínio do falso Esmérdis (*), quando os sete libertadores se reuniram para deliberar sobre a forma de governo que dariam ao Estado, Otanes opinou fortemente a favor da república, opinião tanto mais extraordinária na boca de um sátrapa quanto, além da pretensão que ele podia ter ao império, os grandes temem mais do que a morte uma espécie de governo que os force a respeitar os homens. Otanes, como seria de esperar, não foi escutado; e vendo que se ia proceder à eleição de um monarca, ele, que não queria obedecer nem comandar, cedeu voluntariamente aos outros contendores o seu direito à coroa, exigindo como contrapartida apenas ser livre e independente, ele e a sua posteridade, o que lhe foi concedido. Mesmo se Heródoto não nos revela a restrição que foi imposta a este privilégio, seria necessário presumi-la; de outro modo, Otanes, ao não reconhecer nenhuma espécie de lei, e não prestando

---

(*) Heródoto, *Histórias*, Livro III. (*N. do T.*)

contas a ninguém, teria sido todo-poderoso no Estado e mais poderoso que o próprio rei. No entanto, seria pouco provável que, num caso como este, um homem capaz de se satisfazer com um tal privilégio fosse capaz de abusar dele. De facto, não se vê que este direito tenha alguma vez causado o menor problema no reino, nem pelo sábio Otanes, nem por qualquer um dos seus descendentes.

Nota II (p. 39)

Desde o meu primeiro passo que me apoio confiadamente numa dessas autoridades respeitáveis para os filósofos, porque resultam de uma razão sólida e sublime que só eles sabem encontrar e sentir.

«Seja qual for o interesse que tenhamos em nos conhecermos a nós próprios, não sei se não conhecemos melhor tudo o que não somos. Dotados, pela natureza, de órgãos destinados unicamente à nossa conservação, empregamo-los apenas a receber as impressões externas; procuramos somente expandir-nos para fora e em existir fora de nós; demasiado ocupados a multiplicar as funções dos nossos sentidos e a aumentar a esfera exterior do nosso ser, raramente fazemos uso desse sentido interior que nos reduz às nossas verdadeiras dimensões e que separa de nós tudo aquilo que não lhe pertence. No entanto, é deste sentido que temos de nos servir, se nos quisermos conhecer; é o único a partir do qual podemos julgar acerca de nós mesmos. Mas como dar a este sentido a sua atividade e toda a sua dimensão? Como separar a nossa alma, na qual reside, de todas as ilusões do nosso espírito? Perdemos o hábito de o empregar, manteve-se sem exercício no meio do tumulto das nossas sensações corporais, consumiu-se no fogo das paixões; o coração, o espírito, os sentidos, tudo trabalhou contra ele.» *Histoire Naturelle de la nature de l'homme.*

Nota III (p. 55)

As alterações que a longa prática da caminhada sobre dois membros foi capaz de produzir na estrutura do homem, as semelhanças que ainda se observam entre os seus braços e as patas dianteiras dos quadrúpedes e a conclusão extraída do seu modo de caminhar, geraram dúvidas quanto à maneira de caminhar mais natural para nós. Todas as crianças começam por caminhar sobre os quatro membros e necessitaram do nosso exemplo e lições para aprender a manter-se de pé. Existem mesmo nações selvagens, como a dos Hotentotes, que negligenciavam bastante as crianças, deixando-as caminhar tanto tempo sobre as mãos que tinham mais tarde muitas dificuldades em endireitá-las; as crianças das Caraíbas, nas Antilhas, fazem o mesmo. Há diversos exemplos de homens quadrúpedes, podendo citar, entre outros, o dessa criança encontrada em 1344 perto de Hesse, onde fora alimentada por lobos, e que disse depois, na corte do príncipe Henrique, que, se dependesse apenas dela, teria preferido regressar para junto deles do que viver entre os homens. Adquirira de tal forma o hábito de caminhar como esses animais que foi preciso prender-lhe pedaços de madeira, forçando-a a manter-se direita e em equilíbrio sobre os dois pés. O mesmo sucedia com a criança que foi encontrada em 1694 nas florestas da Lituânia, e que vivia entre os ursos. Não manifestava, afirma Condillac, qualquer sinal de razão, caminhava sobre os pés e as mãos, não possuía qualquer linguagem e formava sons que não se assemelhavam em nada aos de um homem. O pequeno selvagem de Hanôver, que há vários anos foi trazido à corte de Inglaterra, manifestava todas as dificuldades do mundo para se habituar a caminhar, e, em 1749, dois outros selvagens foram encontrados nos Pireneus, percorrendo as montanhas à maneira dos quadrúpedes. Quanto à possível objeção de que isso significaria privar-nos do uso das mãos às quais devemos tantos benefícios, para lá do exemplo dos macacos que mostra claramente como a mão pode muito bem ser empregada das duas maneiras, isso provaria somente que o homem pode dar aos seus membros um destino mais cómodo do que o da natureza, e não que a natureza destinou o homem a caminhar de um modo diferente daquele que ela lhe ensina.

Mas existem, na minha opinião, muito melhores razões para defender que o homem é um bípede. Em primeiro lugar, ainda que nos demonstrassem que originariamente teria sido constituído de um modo distinto daquele que observamos e que por fim se teria tornado naquilo que é, tal não bastaria para concluir que foi dessa forma que tudo ocorreu. Porque, após se ter mostrado a possibilidade dessas alterações, haveria ainda que mostrar ao menos as suas semelhanças, antes de as admitir. Por outro lado, se os braços do homem parecem ter podido servir-lhe de pernas em caso de necessidade, esta é a única observação favorável a esse sistema em relação a um grande número de outras que lhe são contrárias. As principais são: que, se o homem caminhou sobre os quatros membros, a maneira como a cabeça do homem está ligada ao corpo, ao invés de direcionar a sua visão horizontalmente, como no caso de todos os outros animais, e no seu próprio caso quando anda direito, tê-lo-ia feito manter o olhar fixado diretamente no chão quando anda sobre os quatro membros, uma condição muito desfavorável à conservação do indivíduo; que a cauda, que não possui, e que não precisa quando caminha sobre os dois pés, é útil aos quadrúpedes e que nenhum está privado dela; que o seio da mulher, muito bem situado no caso de um bípede que tem a sua cria nos braços, está tão mal situado no caso de um quadrúpede, que em nenhum se encontra posicionado deste modo; que estando o rabo tão excessivamente elevado em relação às patas dianteiras, o que faz com que nos arrastemos sob os joelhos quando andamos de quatro, o todo teria gerado um animal desproporcionado e que se moveria com dificuldade; que se ele tivesse pousado o pé totalmente no chão como faz com as mãos, ele teria tido na sua perna traseira menos uma articulação do que os outros animais, a saber, a que une o metatarso à tíbia; e que ao não pousar senão a ponta do pé, como teria sem dúvida sido obrigado a fazer, o tarso, não falando sequer da pluralidade de ossos que o compõem, pareceria demasiado grande para tomar o lugar do metatarso, e as articulações com o metatarso e a tíbia demasiado próximas para, nesta posição, dar à perna humana a mesma flexibilidade que possuem as dos quadrúpedes. O exemplo das crianças, consideradas numa idade em que as forças naturais ainda não estão desenvolvidas nem os membros consolidados, nada prova, e gostaria de dizer que os cães não estão destinados a andar, porque apenas se arrastam ao longo de semanas após o seu nascimento. Ademais, os factos singulares são de pouca importância contra a prática universal de todos os homens, mesmo de nações que, não tendo contacto com as outras, em nada as puderam imitar. Uma criança abandonada numa floresta antes de saber caminhar e alimentada por um animal qualquer terá seguido o exemplo da sua ama aprendendo a caminhar como ela; o hábito permitiu-lhe uma destreza que não obteria da natureza; e assim como certas pessoas com um braço apenas, à força de prática, conseguem fazer com os pés tudo o que fazemos com as mãos, assim conseguirá, finalmente, usar as mãos como se fossem pés.

Nota IV (p. 56)

Se entre os meus leitores existir um físico tão medíocre que objete a tese da natural fertilidade da terra, responder-lhe-ei com a seguinte passagem:

«Como a vegetação extrai, para a sua alimentação, mais substância do ar e da água do que da terra, sucede que, quando apodrece, ela restitui à terra mais do que tira dela; além disso, uma floresta regula as águas da chuva evitando a vaporação. Assim, num bosque que se conservasse intocado durante muito tempo, a camada de terra que suporta a vegetação aumentaria consideravelmente; mas na medida em que os animais restituem menos à terra do que aquilo que tiram, e os homens consomem enormes quantidades de madeira e de plantas para o fogo e para outros usos, conclui-se que a camada de terra vegetal de um país habitado deve sempre diminuir e tornar-se, por fim, como o território da Arábia Pétrea e como outras tantas províncias do Oriente que são, de facto, o clima habitado mais antigo, onde encontramos apenas sal e areia. Porque o sal fixo das plantas e dos animais subsiste, ao passo que todas as outras partes se volatizam.» Buffon, *Histoire naturelle.*

Pode acrescentar-se a isto a prova factual da quantidade de árvores e de plantas de toda a espécie que cobriam quase todas as ilhas desertas que foram descobertas nestes últimos séculos e o que a história nos ensina acerca das florestas imensas que foi preciso abater por toda a terra à medida que ela se foi povoando ou civilizando. Sobre este assunto, deixarei ainda três notas adicionais. A primeira é a de que, se existe uma espécie de vegetação que permita compensar o desperdício de matéria vegetal feita pelos animais, de acordo com o raciocínio de Buffon, é sobretudo a dos bosques, cujas copas e folhas recolhem e absorvem mais água e vapor do que as outras plantas; a segunda que a destruição do solo, isto é, a perda da substância própria à vegetação, deve acelerar-se à medida que a terra está mais cultivada e que os habitantes mais industriosos consomem em maior abundância a sua produção de toda a espécie; a minha terceira e mais importante nota diz respeito ao facto de os frutos das árvores fornecerem ao animal uma alimentação mais abundante do que as plantas, experiência que eu próprio realizei, comparando a produção de dois terrenos iguais em grandeza e qualidade, um coberto de castanheiros e o outro semeado com trigo.

Nota V (p. 56)

Entre os quadrúpedes, as duas características mais universais das espécies vorazes são: uma, a forma dos dentes, e a outra, a configuração dos intestinos. Os animais que vivem exclusivamente de vegetais têm os dentes rombos, como o cavalo, o boi, o carneiro, a lebre; mas os carnívoros têm-nos pontiagudos, como o gato, o cão, o lobo, a raposa. E no caso dos intestinos, os frugívoros têm alguns, como o cólon, que não se encontram nos animais carnívoros. Parece então que o homem, tendo os dentes e os intestinos como os animais frugívoros, devia ser naturalmente colocado nessa classe, e esta opinião não é confirmada apenas por observações anatómicas. Porém, as obras da Antiguidade são, nesta instância, ainda mais favoráveis. «Dicearco — diz São Jerónimo — narra, nos seus *Livros das Antiguidades Gregas*, que no reinado de Saturno, quando a terra era ainda fértil por si só, nenhum homem comia carne, mas todos viviam de frutos e de legumes que cresciam naturalmente. (Liv. II, *Adversus Jovianum*.) [Esta opinião pode ainda buscar apoio nos relatos de múltiplos viajantes modernos. François Corréal testemunha, entre outras coisas, que a maior parte dos habitantes das ilhas lucanianas que os espanhóis transportaram para as ilhas de Cuba, de São Domingos e para outros locais, morreram por ter comido carne.(*)] É fácil verificar por aqui que descuro

(*) Edição de 1782. (*N. do T.*)

muitas vantagens que poderia aproveitar. Pois que sendo a presa quase o único motivo de luta entre os animais carnívoros, e na medida em que os frugívoros vivem em conjunto numa paz contínua, se a espécie humana era desta última espécie, torna-se claro que teria tido muito mais facilidade em subsistir no estado de natureza, muito menos privação e muito menos ocasiões para sair dela.

Nota VI (p. 57)

Todos os conhecimentos que exigem reflexão, todos aqueles que se adquirem unicamente através do encadeamento das ideias e não se aperfeiçoam senão passo a passo parecem estar completamente fora do alcance do homem selvagem por falta de comunicação com os seus semelhantes, isto é, por falta do instrumento que serve essa comunicação e das privações que a tornam necessária. O seu saber e o seu engenho consiste em saltar, correr, lutar, lançar uma pedra, subir a uma árvore. Mas se ele sabe apenas estas coisas, em compensação sabe-as muito melhor do que nós que não temos necessidade delas como ele. E como elas dependem exclusivamente do exercício do corpo e não são suscetíveis de comunicação ou de qualquer progresso de um indivíduo para outro, o primeiro homem podia ser nisso tão hábil quanto os seus mais remotos descendentes.

Os relatos dos viajantes estão cheios de exemplos da força e do vigor dos homens nas nações bárbaras e selvagens; não elogiam menos a sua destreza e agilidade; e como só é necessário ter olhos para observar estas coisas, nada impede que confiemos naquilo que as testemunhas oculares têm a dizer sobre este assunto. Refiro apenas alguns exemplos dos primeiros livros que me caem nas mãos.

«Os hotentotes, diz Kolben(*), sabem pescar melhor do que os europeus do Cabo. A sua habilidade é idêntica com a rede, o anzol e o arpão, nas enseadas como nos rios. Não são menos hábeis a apanhar os peixes com a mão. São de uma destreza incomparável a nado. A sua maneira de nadar tem algo de surpreendente e que lhes é inteiramente característico. Eles nadam com o corpo direito e as mãos esticadas fora da água, de modo que parecem caminhar sobre a terra. Na maior agitação do mar, e quando as vagas se formam como montanhas, eles dançam, por assim dizer, nas costas das ondas, subindo e descendo como um pedaço de cortiça.

Os hotentotes — diz ainda o mesmo autor — são de uma habilidade impressionante na caça, e a rapidez da sua corrida supera a imaginação.» Espanta-se que não façam mais vezes um mau uso da sua agilidade, o que lhes ocorre, porém, algumas vezes, como se pode verificar pelo exemplo que nos dá. «Um marinheiro holandês — conta —, desembarcando no Cabo, encarregou um hotentote de o acompanhar à cidade com um rolo de tabaco pesando cerca de vinte libras. Quando iam ambos a alguma distância da tripulação, o hotentote perguntou ao marinheiro se ele sabia correr. "Correr?!", responde o holandês, "sim, muito bem." "Vamos ver", replicou o africano e, fugindo com o tabaco, desapareceu quase imediatamente. O marinheiro, perplexo com esta rapidez formidável nem sequer pensou em persegui-lo e não mais voltou a ver o seu tabaco ou o seu portador.

Eles têm a vista tão rápida e a mão tão certeira que os europeus nem sequer se aproximam deles. A cem passos, conseguem acertar com uma pedra num alvo do tamanho de uma moeda, e o que é mais surpreendente é que, em lugar de fixarem, como nós, os olhos no alvo, fazem

---

(*) Rousseau cita a *Histoire générale des voyages*, t. V. (Paris: Didot, 1748), pp. 155-156. (*N. do T.*)

constantes movimentos e contorções. A sua pedra parece como que levada por uma mão invisível.»

O padre Du Tertre(*) afirma acerca dos selvagens das Antilhas quase o mesmo que aquilo que acabámos de ler a propósito dos hotentotes do cabo da Boa Esperança. Elogia sobretudo a sua precisão a atirar flechas aos peixes que nadam, que apanham de seguida, mergulhando. Os selvagens da América Setentrional não são menos célebres pela sua força e habilidade. E aqui está um exemplo para que avaliemos a força e habilidade dos Índios da América Meridional.

No ano de 1746, um índio de Buenos Aires, tendo sido condenado às galés em Cádis, propôs ao governador a compra da sua liberdade arriscando a sua vida numa festa pública. Prometeu que atacaria sozinho o mais furioso touro sem outra arma na mão além de uma corda, que o derrubaria, que o apanharia com a sua corda pela parte que lhe indicassem, que o selaria, que lhe poria o freio, o montaria e combateria, assim montado, dois outros touros dos mais furiosos que trouxessem do Torrillo, e que os mataria um após outro, quando o ordenassem e sem o auxílio de ninguém; o que lhe foi concedido. O índio manteve a sua palavra e realizou tudo aquilo que havia prometido. Sobre o modo como o conseguiu e sobre os detalhes completos da luta, consulte-se o primeiro tomo das *Observations sur l'Histoire Naturelle*, de Gautier(**), de onde este facto foi retirado, página 262.

(*) Trata-se de Jean-Baptiste Du Tertre, um botânico francês, enviado para as Antilhas como missionário. Rousseau faz aqui referência à *Histoire générale des isles de Saint-Christophe* (Paris, 1654). (*N. do T.*)

(**) Jacques Gautier D'Agoty, *Observations sur l'histoire naturelle, la physique et la peinture* (Paris, 1752-1758). (*N. do T.*)

Nota VII (p. 59)

«A duração da vida dos cavalos — diz Buffon — é, como com todas as outras espécies de animais, proporcional à duração do tempo do seu crescimento. O homem, que demora catorze anos a crescer, pode viver seis ou sete vezes esse tempo, isto é, noventa ou cem anos. O cavalo, cujo crescimento se faz em quatro anos, pode viver seis ou sete vezes esse período, isto é, vinte e cinco ou trinta anos. Os exemplos que se mostram contrários a esta regra são tão raros que não devemos sequer considerá-los como uma exceção da qual se possa extrair alguma conclusão; e como os cavalos de tração crescem em menos tempo do que os cavalos de sela, vivem igualmente menos tempo e são velhos desde os quinze anos.» (*)

Nota VIII (p. 59)

Julgo ver entre os animais carnívoros e frugívoros uma outra diferença ainda mais genérica do que aquela que assinalei na Nota V, uma vez que se aplica também às aves. Esta diferença consiste no número das crias, que nunca excede duas por ninhada nas espécies que se alimentam exclusivamente de vegetais, superando geralmente esse número nos animais carnívoros. É fácil saber a este respeito qual a finalidade da natureza através do número de mamilos, que não excedem os dois em cada fêmea da primeira espécie, como a égua, a vaca, a cabra, a corça, a ovelha, etc., e que são sempre seis ou oito nas outras fêmeas, como a cadela, a gata, a loba, a tigresa, etc. A galinha, a gansa, a pata, que são todas aves carnívoras tal como a águia, o falcão, a coruja, põem e chocam um grande número de ovos, o que

(*) *Histoire Naturelle*, tomo VII (Paris, 1753), pp. 249 e ss. (*N. do T.*)

nunca acontece com a pomba, a rola ou as aves que não comem mais nada além de sementes, as quais mal põem e chocam dois ovos ao mesmo tempo. A razão que podemos dar para essa diferença é que os animais que não vivem senão de ervas e de plantas, porque demoram quase todo o dia na pastagem e são forçados a dedicar muito mais tempo a alimentar-se, talvez não fossem suficientes para amamentar várias crias, ao passo que os carnívoros, porque comiam quase instantaneamente, podiam mais facilmente e com mais frequência regressar para junto das suas crias e para a caça, e compensar o consumo de uma tão grande quantidade de leite. Isto talvez nos exigisse muitas observações específicas e algumas reflexões, mas não é este o lugar, e basta-me ter mostrado nesta parte o sistema mais geral da natureza, sistema que fornece uma nova razão para retirar o homem da classe dos animais carnívoros e para os colocar entre as espécies frugívoras.

Nota IX (p. 65)

Um autor célebre, calculando os bens e os males da vida humana e comparando as duas somas, descobriu que a última superava a outra por muito, e que, feito o balanço, a vida era para o homem um presente demasiado mau. A sua conclusão não me surpreende; ele retirou todos os seus argumentos da constituição do homem civil. Se tivesse recuado até ao homem natural, é provável que encontrasse resultados muito diferentes, que se apercebesse de que o homem quase não possui males senão os que a si mesmo deu e que a natureza estaria justificada. Não é sem esforço que conseguimos tornar-nos tão infelizes. Quando, por um lado, consideramos os imensos trabalhos dos homens, as muitas ciências desenvolvidas, as artes inventadas, as forças empregadas, os abismos preenchidos, as montanhas arrasadas, os rochedos estilhaçados, os rios agora navegáveis, as terras desbravadas, os lagos escavados, os pântanos drenados, as enormes estruturas construídas em terra, o mar coberto de barcos e de marinheiros; e, por outro, quando buscamos com um pouco de meditação as verdadeiras vantagens que resultaram de tudo isso para a felicidade da espécie humana, é inevitável espantar-nos com a impressionante desproporção que reina entre essas coisas e lastimar a cegueira do homem que, para alimentar o seu orgulho insano, e não sei que vã admiração de si mesmo, o faz correr com ardor atrás de todas as misérias de que é suscetível e que a benévola natureza cuidou de afastar dele.

Os homens são malvados. Uma triste e contínua experiência dispensa a prova; e, no entanto, que o homem é naturalmente bom, creio tê-lo provado. Destarte, o que é que o degenerou a este ponto senão as mudanças ocorridas na sua constituição, os progressos que fez e os conhecimentos que adquiriu? Admire-se tanto quanto se queira a sociedade humana, não será menos verdade que ela leva necessariamente os homens a odiar-se mutuamente à medida que os seus interesses se cruzam, a prestar-se mutuamente supostos serviços e, na verdade, a fazer uns aos outros todos os males imagináveis. O que pensar de relações nas quais a razão de qualquer particular lhe dita máximas diretamente contrárias às que a razão pública prega ao corpo da sociedade e onde cada um lucra com a desgraça alheia? Talvez não exista um único homem abastado a quem herdeiros gananciosos, e muitas vezes os seus próprios filhos, não desejem a morte em segredo; nem uma embarcação no mar cujo naufrágio não fosse uma boa notícia para qualquer negociante; nem uma casa comercial que um devedor de má-fé não quisesse ver incinerada com todos os papéis que contém; nem um único povo que não se alegrasse com os desastres do seu vizinho. É assim que encontramos o nosso benefício no prejuízo dos nossos semelhantes e que a perda de um representa quase sempre a prosperidade do outro. Mas o que há de ainda mais perigoso é o facto de as calamidades públicas constituírem a expectativa e a esperança de uma multidão de indivíduos. Uns desejam a doença, outros a morte, outros a guerra, outros a fome. Vi homens terríveis chorar de dor com a perspetiva de um ano fértil, e o grande e fatal incêndio de Londres, que custou a tantos infelizes a vida ou os bens, fez talvez a fortuna de mais de dez mil pessoas. Eu sei que Montaigne(*) culpa o ateniense Démades por ter feito punir um trabalhador que, ao vender caixões demasiado caros, ganhava muito com a morte dos cidadãos. Mas a razão que Montaigne aduz, de que toda a gente devia ser punida, confirma claramente as minhas. Vejamos, pois, para lá das nossas frívolas demonstrações de benevolência, o que se passa no fundo dos nossos corações e reflitamos naquilo que deve ser um estado de coisas em que todos os homens são obrigados a bajular-se e a destruir-se mutuamente, e em que nascem inimigos por dever e burlões por interesse. Se me replicarem que a sociedade é de tal forma constituída que cada homem ganha em servir os outros, eu responderei que tudo isso estaria muito bem se não ganhasse ainda mais com a sua destruição. Não há lucro, por muito legítimo, que não seja superado por aquele que podemos fazer ilegitimamente, e o prejuízo que se causa ao próximo é sempre mais lucrativo do que qualquer serviço prestado. Tudo se resume, portanto, a encontrar os meios que assegurem a impunidade, e é para este fim que os poderosos empregam todas as suas forças, e os fracos todas as suas manhas.

O homem selvagem, no fim de jantar, está em paz com toda a natureza e amigado com todos os seus semelhantes. Terá por vezes de lutar pela sua refeição? Nunca chega a

(*) Montaigne, *Essais*, l. I. cap. XXII, «Le profit de l'un est dommage de l'autre». (*N. do T.*)

combater sem antes ter comparado a dificuldade de vencer com a de encontrar noutro lugar a sua subsistência; e como o orgulho não toma parte do combate, ele termina após alguns murros; o vencedor come, o vencido vai procurar a sua sorte e tudo acaba pacificado. Mas no homem em sociedade, a questão é completamente diferente. Trata-se primeiramente de prover ao necessário e depois ao supérfluo; de seguida, vêm os prazeres, e depois as imensas riquezas, e depois súbditos, e depois escravos. Não existe um momento de descanso. O que existe de mais singular é que, quanto menos naturais e urgentes são as necessidades, mais as paixões aumentam e, o que é pior, o poder de as satisfazer; de modo que, após longos períodos de prosperidade, após ter engolido um bom número de tesouros e arruinado muitos homens, o meu herói acabará por tudo degolar até que seja o único senhor do universo. É este, em suma, o quadro moral, senão da vida humana, ao menos das pretensões secretas do coração de qualquer homem civilizado.

Comparai sem preconceitos o estado do homem civil com o do homem selvagem e determinai, se o conseguirdes, quantas novas portas, além da sua maldade, das suas necessidades e misérias, o primeiro abriu à dor e à morte; se considerais as aflições do espírito que nos consomem, as paixões violentas que nos esgotam e nos atormentam, os trabalhos excessivos com que os pobres são sobrecarregados, a moleza ainda mais perigosa à qual os ricos se entregam e que causa a morte, a uns, à custa das suas necessidades, e, a outros, à custa dos seus excessos; se pensardes na terrível combinação de alimentos, nos seus nocivos condimentos, nas comidas estragadas, nas drogas adulteradas, nas vilanias daqueles que as vendem, nos erros daqueles que as administram, no veneno dos recipientes nos quais são preparados; se atenderdes às doenças epidémicas geradas pelo ar poluído entre os aglomerados de homens reunidos, às que resultam da delicadeza da nossa maneira de viver, ao vaivém entre o interior e o exterior, à roupa que se tira e veste com quase nenhum cuidado e todas as preocupações que a nossa excessiva sensibilidade transformou em hábitos necessários e cuja negligência ou privação nos custa mais tarde a vida ou a saúde; se levardes em conta os incêndios e os tremores de terra que consomem ou arrasam cidades inteiras cujos habitantes morrem aos milhares; em suma, se somardes os perigos que todas estas causas juntam continuamente sobre as nossas cabeças, sentireis quão caro a natureza nos faz pagar o desprezo que dedicámos aos seus ensinamentos.

Não irei repetir aqui a propósito da guerra o que já disse noutro lugar(*); mas gostaria que, por uma vez, os homens instruídos desejassem ou ousassem dizer ao público em detalhe os horrores que se cometem nos exércitos pelos negociantes de víveres e de material hospitalar, e veríamos que as suas manobras não muito secretas, através das quais os mais notáveis exércitos desabam em menos de nada, matam mais soldados do que aquelas que ceifa o ferro inimigo. É ainda menos espantoso o número dos homens que o mar engoliu todos os anos, seja pela fome, pelo escorbuto, pelos piratas, pelo fogo, pelos naufrágios. É óbvio que temos de responsabilizar a propriedade estabelecida e, por conseguinte, a sociedade, pelos assassinatos, os envenenamentos, os salteadores e até pelas punições desses crimes, punições necessárias para prevenir males maiores, mas que, custeando cada homicídio de um homem com dois ou mais, não deixa de duplicar realmente a perda da espécie humana. Quantos meios vergonhosos existem para impedir o nascimento de seres humanos e enganar a natureza? Seja pelos seus gostos brutais e depravados que insultam a sua obra mais encantadora, gostos que nem os selvagens nem

(*) Cf. pp. 109-10. (*N. do. T.*)

os animais alguma vez conheceram e que só nasceram em países civilizados de uma imaginação corrompida; ou através desses abortos secretos, frutos dignos da devassidão e da honra depravada; ou através da exposição(*) ou do homicídio de numerosas crianças, vítimas da pobreza dos seus pais ou da vergonha bárbara das suas mães; seja, afinal, através da mutilação desses infelizes cuja parte da existência e toda a posteridade são sacrificadas a vãs canções ou, pior ainda, à brutal inveja de alguns homens. Uma mutilação que, neste último caso, afronta duplamente a natureza no tratamento dado àqueles que a sofrem e no uso para o qual se destinam.

[Mas não existirão mil casos mais frequentes e mais perigosos ainda, em que os direitos paternos ofendem abertamente a humanidade? Quantos talentos enterrados e inclinações forçadas pela imprudente coação paterna! Quantos homens se distinguiriam numa posição que lhes fosse adequada e que morrem infelizes e sem honra numa outra posição pela qual não tinham qualquer gosto! Quantos casamentos felizes mas entre desiguais foram rompidos ou abalados, e quantas esposas castas desonradas por uma ordem das condições [sociais] sempre em contradição com as da natureza! Quantas outras uniões bizarras formadas pelo interesse e rejeitadas pelo amor e pela razão! E mesmo quantos esposos honestos e virtuosos se atormentam mutuamente por terem casado mal! Quantos jovens e infelizes vítimas da avareza dos seus pais mergulham no vício ou passam os seus tristes dias em lágrimas e gemem em vínculos indissolúveis que o coração rejeita e que só o ouro forjou! Por vezes são felizes aqueles cuja coragem e a sua própria virtude arrancam à vida, antes que uma

---

(*) Refere-se ao costume antigo de abandonar uma criança num espaço público para que fosse recolhida. Rousseau admitiu nas *Confissões* ter feito o mesmo. (*N. do T.*)

violência bárbara os force a cair no crime ou no desespero. Perdoai-me, Pai e Mãe para sempre dignos de pena; é a contragosto que torno mais amargo o vosso sofrimento; mas que ele possa servir de exemplo eterno e terrível a quem quer que ouse, em nome da própria natureza, violar o mais sagrado dos seus direitos!

Se falei exclusivamente dessas uniões mal formadas que são o resultado da nossa condição política, pensaremos nós que aquelas em que o amor e a simpatia presidiram estejam isentas de desvantagens? (*)]

E se eu tentasse mostrar a espécie humana assaltada na sua própria origem e até no mais sagrado de todos os vínculos, em que já não ousamos escutar a natureza senão após ter consultado a fortuna, e em que a continência, porque a desordem civil confundiu as virtudes e os vícios, se torna uma precaução criminosa, e a recusa de dar a vida ao seu semelhante um ato de humanidade? Mas sem rasgar o véu que tapa tantos horrores, contentemo-nos em indicar o mal para o qual outros devem dar o remédio.

Acrescente-se a tudo isto essa quantidade de trabalhos pouco saudáveis que encurtam a vida ou destroem o temperamento; são exemplos disso os trabalhos nas minas, os vários tratamentos dos metais, dos minerais, sobretudo do chumbo, do cobre, do mercúrio, do cobalto, do rosalgar; aqueles outros materiais perigosos que custam diariamente a vida a tantos trabalhadores, uns construtores de telhados, outros carpinteiros, outros pedreiros, outros que trabalham nas pedreiras; que se reúnam, digo eu, todas estas considerações e será possível verificar as razões para a diminuição da espécie, observada por mais de um filósofo, no estabelecimento e aperfeiçoamento das sociedades.

(*) Edição de 1782. (*N. do T.*)

O luxo, impossível de evitar nos homens ávidos do seu próprio conforto e da atenção dos outros, logo completa o mal que as sociedades iniciaram, e sob pretexto de dar meios de subsistência aos pobres que não deviam sequer existir, empobrece todos os outros e despovoa o Estado mais cedo ou mais tarde.

O luxo é um remédio muito pior do que o mal que pretende curar; ou antes, é ele próprio o mal de todos os males, em qualquer Estado, grande ou pequeno, e que, para alimentar a turba de lacaios e de miseráveis que criou, esmaga e arruína o trabalhador e o cidadão. Como esses ventos escaldantes do meio-dia que cobrem a erva e a verdura de insetos vorazes, que privam os animais úteis da sua subsistência e levam a fome e a morte a todos os lugares em que se fazem sentir.

Da sociedade e do luxo que produz, nascem as artes liberais e mecânicas, o comércio, as letras; e todas essas inutilidades que fazem levam ao florescimento da indústria, enriquecem e arruínam os Estados. A razão desse declínio é muito simples. É fácil ver que, devido à sua natureza, a agricultura será a menos lucrativa de todas as artes; porque, sendo o seu uso o mais indispensável para todos os homens, o seu preço deve ser proporcional às capacidades [para pagar] dos mais pobres. Do mesmo princípio, podemos extrair esta regra: que, em geral, as artes são lucrativas em razão inversa da sua utilidade, e que as mais necessárias devem, por fim, tornar-se as mais negligenciadas. Por aqui se vê o que se deve pensar das verdadeiras vantagens da indústria e do efeito real que resulta dos seus progressos.

São estas as causas percetíveis de todas as misérias para a qual a opulência atira, enfim, as nações mais admiradas. À medida que a indústria e as artes se ampliam e florescem, o agricultor desprezado, carregado de impostos vitais à manutenção do luxo e condenado a passar a sua vida entre o trabalho e a fome, abandona os seus campos para ir procurar nas cidades o pão que aí devia levar. Quanto mais admiração as capitais provocam aos olhos estúpidos do povo, mais necessário seria chorar por ver os campos abandonados, as terras em pousio e os grandes caminhos inundados de cidadãos desgraçados que se tornaram mendigos ou ladrões e condenados a um dia terminar a sua miséria na roda ou numa estrumeira. É assim que o Estado, enriquecendo, por um lado, se enfraquece e despovoa, por outro, e que as mais poderosas monarquias, após tantos trabalhos para atingir a opulência e agora desertas, acabam por se tornar a presa das nações pobres que sucumbem à funesta tentação de as invadir e que se enriquecem e enfraquecem, por sua vez, até que elas próprias sejam invadidas e destruídas por outras.

Que alguém se digne a explicar-nos de uma vez por todas o que produziu esse enxame de bárbaros que ao longo de tantos séculos inundaram a Europa, a Ásia e a África? Será que deviam essa imensa população ao engenho das suas artes, à sabedoria das suas leis, à excelência da sua política? Que os nossos eruditos tenham a gentileza de nos dizer por que razão esses homens ferozes e brutais, sem luzes, sem freio, sem educação, em vez de se multiplicarem dessa maneira, não se degolaram uns aos outros a todo o instante por causa dos seus pastos ou terrenos de caça? Que nos expliquem de que modo esses miseráveis puderam ter a audácia de olhar de frente gente tão sagaz como nós próprios éramos, com uma tão bela disciplina militar, tão belos códigos e tão sábias leis? Finalmente, por que razão, desde que a sociedade se aperfeiçoou nos países do Norte, e depois de tantas dificuldades que tivemos para ensinar aí aos homens os seus deveres mútuos e a arte de viver agradavelmente e pacificamente em conjunto, nunca mais se viram aqueles números de homens que se produziam outrora? Receio bem que ocorra a alguém responder-me, afinal, que todas estas grandes coisas, ou seja, as artes, as ciências e as leis, foram muito sabiamente inventadas pelos homens como uma peste salutar para prevenir a excessiva multiplicação da espécie, com medo de que este mundo, que nos está destinado, não se tornasse, no fim de contas, demasiado pequeno para os seus habitantes.

E depois? Será preciso destruir as sociedades, destruir o que é teu e o que é meu, e voltar a viver nas florestas com os ursos? Uma conclusão ao estilo dos meus adversários que eu gosto tanto de evitar quanto de lhes deixar a vergonha de a extrair. Ó vós, a quem a voz celeste não se fez ouvir, e não reconheceis para a vossa espécie outro destino senão o de acabar em paz esta curta vida; vós que sois capazes de deixar no meio das cidades os vossos nefastos bens, os vossos espíritos inquietos, os vossos corações corrompidos e os vossos desejos loucos; retomai, já que depende de vós, a vossa antiga e primeira inocência; ide para os bosques perder a visão e a memória dos crimes dos vossos contemporâneos e não receais estar a denegrir a vossa espécie, renunciando às suas luzes para renunciar aos seus vícios. Quanto aos homens como eu, cujas paixões destruíram para sempre a simplicidade original, que já não podem alimentar-se de erva e de bolotas, nem viver sem leis ou chefes; aqueles honrados pelo seu primeiro pai com lições sobrenaturais; aqueles que verão na intenção de dar, desde o início, às ações humanas uma moralidade que durante muito tempo eles não teriam adquirido, a razão para um preceito indiferente em si mesmo e inexplicável em qualquer outro sistema. Em suma, aqueles que se convenceram de que a voz divina convocou todo o género humano para as luzes e para a felicidade das inteligências celestes; todos eles tentarão, mediante o exercícios das virtudes que se obrigam a praticar à medida que aprendem a conhecê-las, merecer o prémio eterno que devem esperar disso; respeitarão os laços sagrados das sociedades das quais são membros; amarão os seus semelhantes e servi-los-ão com toda a sua força; obedecerão escrupulosamente às leis e aos homens que são os seus autores e os seus ministros; honrarão sobretudo os bons e sábios príncipes que saberão prevenir, curar ou compensar essa multidão de excessos e de males sempre prontos a esmagar-nos; estimularão o zelo desses digníssimos chefes, mostrando-lhes sem medo e sem bajulação a grandeza da sua tarefa e o rigor do seu dever. Mas não desprezarão menos uma constituição que só se conserva com o auxílio de tantos homens respeitáveis que são mais desejados do que estão disponíveis, e da qual, apesar de todos os seus cuidados, nascem sempre mais calamidades reais do que aparentes benefícios.

Nota X (p. 66)

Entre os homens que conhecemos, ou por nós próprios, ou pelos historiadores, ou pelos exploradores, uns são negros, outros brancos, outros vermelhos; uns têm cabelos compridos, outros carapinha; uns são quase integralmente peludos, outros não têm sequer barba; existiram, e talvez ainda existam, nações de homens de uma altura gigantesca; e deixando de lado a fábula dos pigmeus que pode muito bem não passar de um exagero, sabe-se que os lapões, e sobretudo os gronelandeses, estão muito abaixo da altura média do homem; diz-se até que existem povos inteiros com caudas como os quadrúpedes; e sem ter uma fé cega nos relatos de Heródoto e Ctésias(*), podemos, pelo menos, proferir esta opinião, muito plausível, de que se tivesse sido possível fazer boas observações nesses tempos antigos, quando os diversos povos seguiam maneiras de viver

(*) Ctésias foi um historiador grego dos séculos V-IV a. C. Foi médico de Artaxerxes II. As suas obras mais conhecidas foram as *Pérsicas* e as *Índicas*. (*N. do T.*)

mais diferenciadas entre si do que hoje, ter-se-ia notado aí também, na figura e no porte, variações muito mais impressionantes. Todos estes factos, para os quais é fácil fornecer provas incontestáveis, surpreendem unicamente aqueles que se habituaram a observar apenas os objetos que os rodeiam, ignorando a força extraordinária das mesmas causas, quando elas agem continuamente durante longas séries de gerações. Atualmente, à medida que o comércio, as viagens e as conquistas reúnem ainda mais os diferentes povos, e à medida que os seus estilos de vida se aproximam incessantemente por meio da frequente comunicação, apercebemo-nos de que certas diferenças nacionais diminuíram e que, por exemplo, os atuais franceses já não são esses grandes corpos brancos e louros descritos pelos historiadores latinos, embora o tempo, juntamente com a mistura de francos e normandos, eles próprios brancos e louros, devesse restaurar aquilo que o contacto com os romanos retirou à influência do clima sobre a constituição natural e a tez dos habitantes. Todas estas observações acerca das variedades que mil causas podem produzir e produziram, de facto, na espécie humana, levam-me a questionar até que ponto os vários animais semelhantes aos homens que os exploradores tomaram por bestas sem grande ponderação, fosse por causa de algumas diferenças que notavam na constituição exterior, ou simplesmente porque esses animais não falavam, não seriam efetivamente verdadeiros homens selvagens, cuja raça, dispersada em tempos antigos pelos bosques, não houvesse tido a oportunidade de desenvolver nenhuma das faculdades potenciais, não tivesse adquirido nenhum grau de perfeição e se encontrasse ainda no estado primitivo de natureza. Aqui fica um exemplo do que eu quero dizer.

«No reino do Congo — diz o tradutor da *Histoire des Voyages* — encontramos muitos desses grandes animais aos quais chamamos orangotangos nas Índias Orientais, que ocupam uma espécie de lugar intermédio entre a espécie humana e os babuínos. Battel(*) conta que nas florestas de Mayombe, no reino de Loango, encontramos duas espécies de monstros dos quais os maiores se chamam «pongos» e os outros «enjokos». Os primeiros têm uma semelhança exata com o homem, mas são muito maiores e bastante altos. De rosto humano, possuem os olhos muito encovados. As suas mãos, as suas faces, as suas orelhas não têm pelo, com exceção das sobrancelhas que são bastante longas. Embora tenham o resto do corpo bastante peludo, o pelo não é muito espesso e a sua cor é castanha. Finalmente, a única parte que os distingue dos homens é a perna que não tem gémeo. Caminham direitos, segurando-se um ao outro pelo cabelo do pescoço; vivem nos bosques, dormem nas árvores, onde constroem uma espécie de teto que os protege da chuva. Os seus alimentos são frutos ou nozes selvagens. Nunca comem carne. O costume dos negros que atravessam as florestas consiste em acender fogos durante a noite. Eles notam que de manhã, à sua partida, os pongos tomam o seu lugar junto ao fogo e só se retiram quando ele se apaga: porque embora tenham muita habilidade, não têm inteligência suficiente para saber mantê-lo aceso com madeira.

Caminham por vezes em grupos e matam os negros que atravessam as florestas. Atacam inclusive elefantes que vêm pastar nos lugares que habitam e incomodam-nos tanto com socos no corpo e com paus que os forçam a fugir aos gritos. Nunca se apanha um pongo com vida, dado que são tão fortes que dez homens não seriam suficientes para

---

(*) Andrew Battel (1565?–1640?), viajante inglês. Aventurou-se pelo Brasil, onde foi feito cativo pelos índios e, mais tarde, pelos portugueses, e também por Angola e pelo Congo. De volta a Inglaterra, narrou as suas memórias a Samuel Purchass. A tradução francesa, *Histoire générale des voyages*, é aqui citada por Rousseau. (*N. do T.*)

os parar. Mas os negros prendem muitos [pongos] jovens após terem matado a mãe, ao corpo da qual o pequeno se agarra fortemente. Quando um desses animais morre, os outros cobrem o seu corpo com um amontoado de ramos ou de folhagens. Purchass(*) acrescenta que, nas conversas que manteve com Battel, soube por ele que um pongo lhe raptou um pequeno negro que passou um mês inteiro na companhia desses animais; porque eles não fazem qualquer mal aos homens que apanham, sobretudo se estes não olharem para eles, como o pequeno negro havia observado. Battel não descreveu a segunda espécie de monstro.

Dapper(**) confirma que o reino do Congo está cheio desses animais que nas Antilhas são chamados de orango-tangos, isto é, habitantes dos bosques, e que os africanos nomeiam Quojas-Morros. Essa besta, diz, é tão parecida com o homem, que alguns exploradores pensaram que podia ter saído [do cruzamento] entre uma mulher e um macaco: fantasia que os próprios negros rejeitam. Um desses animais foi transportado do Congo para a Holanda e apresentado ao príncipe de Orange, Frederic-Henri. Tinha a altura de uma criança de três anos e uma corpulência moderada, conquanto quadrado e bem proporcionado, muito ágil e vivaz; as pernas carnudas e robustas, a frente do corpo nua, mas a parte traseira com pelos negros. À primeira vista, o seu rosto parecia-se com o de um homem, mas tinha o nariz achatado e curvo; as orelhas eram também as da espécie humana; o seio, porque se tratava de uma fêmea, era gorducho, o umbigo afundado, os ombros bastante articulados, as mãos divididas em dedos e polegares, os seus gémeos e calcanhares gordos

(*) Samuel Purchass (1577?–1626), clérigo inglês. Compilou e publicou várias narrativas de viagens. (*N. do T.*)

(**) Olfert Dapper (1636–1689), médico e geógrafo holandês. Rousseau cita aqui a sua *Description de l'Afrique*. (*N. do T.*)

e carnudos. Caminhava amiúde direito sobre as pernas, sendo capaz de levantar e transportar cargas bem pesadas. Quando quis beber, segurou a tampa do pote com uma mão e o fundo com a outra. De seguida, limpou graciosamente os lábios. Deitou-se para dormir, com a cabeça numa almofada, cobrindo-se com tanta destreza que o tomaríamos por um homem no leito. Os negros relatam coisas estranhas sobre este animal. Garantem que não somente força as fêmeas e as filhas, mas que ousa atacar homens armados. Em suma, é muito provável que se trate do sátiro dos antigos. Merolla(*) talvez se refira a estes animais, quando narra que os negros, nas suas caças, capturam por vezes homens e mulheres selvagens.»

Estas espécies de animais antropomorfos são ainda mencionadas no terceiro volume da mesma *Histoire des voyages* com o nome de «beggos» e «mandris»; mas, para nos atermos aos relatos precedentes, encontramos na descrição destes supostos monstros algumas conformidades impressionantes com a espécie humana e algumas diferenças menores do que aquelas que poderíamos atribuir entre um homem e outro. Não é claro, nestas passagens, quais as razões em que os autores se baseiam para recusar aos animais em causa o nome de homens selvagens, mas é fácil supor que é devido à sua estupidez, e também porque não falavam; razões frágeis para aqueles que sabem que, embora o órgão da fala seja natural ao homem, nem por isso a palavra em si mesma lhe é natural, e que sabem até que ponto a sua perfeição pode ter elevado o homem civil acima do seu estado original. O pequeno número de linhas que estas descrições contêm, fazem pensar o quão mal esses animais foram observados e com que preconceitos foram

(*) Girolamo Merolla, capuchinho e missionário italiano. Relatou as suas viagens na sua *Breve e sucinta relazione del viaggio nel regno del Congo* (1692). (*N. do T.*)

vistos. Por exemplo, são caracterizados como monstros, e, no entanto, aceita-se que se reproduzam(*). Numa passagem, Battel afirma que os pongos matam os negros que atravessam as florestas, numa outra Purchass acrescenta que não lhes fazem mal nenhum, mesmo quando os atacam; pelo menos, quando os negros não tentam olhá-los nos olhos. Os pongos reúnem-se à volta dos fogos acesos pelos negros quando estes partem, e retiram-se, por sua vez, quando o fogo se extingue; eis o facto, e eis agora o comentário do observador: *porque embora tenham muita habilidade, não têm inteligência suficiente para saber mantê-lo aceso com madeira.* Gostava de saber como Battel ou Purchass, o seu compilador, pôde saber que a retirada dos pongos constituía um efeito da sua estultícia mais do que da sua vontade. Num clima como o do Loango, o fogo não é uma coisa especialmente necessária aos animais, e se os negros o acendem, é menos contra o frio do que para assustar as bestas ferozes; é, portanto, bastante claro que, após se terem alegrado algum tempo, ou aquecido o suficiente, por causa das chamas, os pongos se aborrecem de permanecer sempre no mesmo sítio e partem para o pasto que exige mais tempo do que se comessem carne. Aliás, sabemos que a maioria dos animais, sem excetuar nisso o homem, são naturalmente preguiçosos e se recusam a qualquer espécie de cuidados que não aqueles motivados pela absoluta necessidade. Por último, parece muito estranho que os pongos, a quem elogiamos a habilidade e a força, os pongos que sabem enterrar os seus mortos e constroem para si tetos de ramagens, não saibam atiçar as brasas no fogo. Lembro-me de ter visto um macaco realizar a mesma operação que se pretende que os pongos podem executar; é verdade que,

(*) Era crença ainda no século XVIII que, por definição, os monstros eram estéreis por representarem uma irregularidade da natureza. (*N. do T.*)

porque as minhas ideias não estavam, nessa altura, voltadas para aí, cometi eu próprio o erro que censuro aos nossos exploradores, negligenciando examinar se a intenção do macaco era, de facto, manter o fogo aceso ou simplesmente, como creio, imitar a ação de um homem. Seja como for, fica claramente demonstrado que o macaco não é uma variação do homem. Não somente porque é privado da faculdade de falar, mas sobretudo porque estamos certos de que a sua espécie não possui a [faculdade] de se aperfeiçoar que é a característica específica da espécie humana. As experiências sobre o pongo e o orangotango não parecem ter sido efetuadas com suficiente minúcia para permitir extrair a mesma conclusão. Não obstante, talvez existisse um meio pelo qual os observadores mais grosseiros se poderiam certificar, até com uma demonstração, se o orangotango ou outros pertenciam à espécie humana; no entanto, para efetuar esta experiência, além de o facto de se revelar impraticável, uma só geração seria insuficiente, pois que seria necessário que aquilo que não passa de uma suposição fosse demonstrado como verdadeiro, antes mesmo de a prova que deve confirmar o facto ser testada em estado puro.

Os juízos precipitados que não resultam de uma razão esclarecida arriscam-se a cair no extremo. Os nossos exploradores não hesitam em criar bestas com os nomes de *Pongos*, de *Mandris*, de *Orangotangos*, a partir dos mesmos seres que serviram aos antigos para criarem divindades como os *sátiros*, os *faunos*, os *silvanos*. É possível que, após algumas pesquisas mais rigorosas, se venha a descobrir que são homens.(*) Enquanto se espera, parece-me que há sobre este assunto tantas razões para nos reportarmos a Merolla, religioso letrado, testemunha ocular, e que, com

---

(*) Na edição de 1782, Rousseau modifica o final desta frase: *que não são nem bestas nem deuses, mas homens.* (*N. do T.*)

toda a sua ingenuidade, não deixa de ser um homem de espírito, quanto ao mercador Battel, a Dapper, a Purchass e a outros compiladores.

Qual teria sido o juízo de tais observadores acerca da criança encontrada em 1694, sobre a qual já falei acima(*), que não mostrava qualquer sinal de razão, caminhava sobre os pés e as mãos, que não possuía nenhuma linguagem e formava sons que não se assemelhavam em nada aos de um homem? Bastante tempo passou, prossegue o mesmo filósofo que me forneceu este facto, até que conseguisse proferir algumas palavras, e ainda assim fê-lo de um modo bárbaro. Mal conseguiu falar, interrogámo-lo sobre o seu primeiro estado, mas ele não se lembrou mais dele do que nós nos lembramos daquilo que nos sucedeu no berço. Se, desgraçadamente para ela, esta criança tivesse caído nas mãos dos nossos exploradores, que não se duvide que, após notarem o seu silêncio e estupidez, tivessem decidido enviá-la de volta para os bosques ou encerrá-la num jardim zoológico; depois do que teriam discutido sabiamente em belas conferências de como se tratava de uma besta muito curiosa bastante semelhante ao homem.

Conquanto há trezentos ou quatrocentos anos os habitantes da Europa invadam as outras partes do mundo e publiquem continuamente novas recolhas de viagens e de relatos, estou convencido de que os únicos homens que conhecemos são os europeus; mais, parece, à vista dos preconceitos ridículos que não desapareceram, mesmo entre as gentes de letras, que, sob o nome pomposo de estudo do homem, quase ninguém estuda senão os homens do seu país. Por muito que os indivíduos vão e venham, parece que a filosofia não viaja e que a filosofia de um povo não se adequa a outro. A causa para isto é óbvia, pelo menos no caso das regiões mais remotas. Não há senão quatro

(*) Cf. Nota III. (*N. do T.*)

espécies de homens que fazem viagens de longo curso: os marinheiros, os mercadores, os soldados e os missionários. Ora, não devemos esperar que as três primeiras classes forneçam bons observadores, e quanto aos da quarta, absorvidos na vocação sublime que os apela, quando não estão sujeitos aos preconceitos do cargo como todos os outros, não é crível que se dediquem de boa vontade a investigações que parecem nascer da pura curiosidade e que os desviariam dos trabalhos mais importantes aos quais se destinam. De resto, para pregar utilmente o Evangelho, só é preciso zelo, e Deus garante o resto; mas para estudar os homens é preciso certos talentos que Deus não se compromete a garantir a ninguém e que nem sempre são atributo dos santos. Não se abre um livro de viagens em que não se encontre descrições de caracteres e costumes; mas impressiona verificar aí que esses indivíduos que descreveram tantas coisas não disseram senão aquilo que já todos sabem, que no outro lado do mundo viram somente aquilo que teriam conseguido verificar sem saírem da sua própria rua, e que esses traços verdadeiros que distinguem as nações, e que atingem o olhar feito para ver, lhes escapou quase sempre. Foi aí que nasceu esse belo adágio de moral, tão batido pela turba filosofesca [*philosophesque*], de que os homens são iguais em todo o lado, que tendo em todo o lado as mesmas paixões e os mesmos vícios, é assaz inútil procurar caracterizar os diferentes povos; o que é quase tão bem pensado como se disséssemos que não conseguiríamos distinguir entre Pierre e Jacques, porque ambos têm um nariz, uma boca e olhos.

Será que nunca mais veremos renascer esses ditosos tempos em que os povos não se punham a filosofar, mas em que os Platões, os Tales e os Pitágoras, tomados por um ardente desejo de saber, empreendiam grandes viagens unicamente para se instruirem e iam a lugares remotos sacudir o jugo dos preconceitos nacionais, aprender a conhecer os homens pelas suas semelhanças e pelas suas diferenças, adquirindo esses conhecimentos universais que não são os de um século ou de um país em exclusivo, mas que sendo de todos os tempos e de todos os lugares são, digamos, a ciência comum dos sábios?

Admiramos a magnificência de alguns curiosos que fizeram ou patrocinaram com elevadas somas viagens ao Oriente, com eruditos e pintores, para aí desenhar alguns casebres e decifrar ou copiar inscrições; porém, tenho dificuldade em conceber como, num século que se orgulha de um imenso saber, não se encontram dois homens claramente afins, ricos, um em dinheiro, o outro em génio, ambos amantes da glória e aspirando à imortalidade, um sacrificando vinte mil escudos da sua fortuna e o outro dez anos da sua vida, para uma inesquecível viagem à volta do mundo, para estudar, não as mesmas pedras e plantas de sempre, mas, por uma vez, os homens e os costumes, e que, após tantos séculos dedicados a medir e a examinar a casa, decidissem, finalmente, que querem conhecer os seus habitantes.

Os académicos que percorreram as partes setentrionais da Europa e meridionais da América tinham como objetivo visitá-las mais como geómetras do que como filósofos. No entanto, como eram ao mesmo tempo uns e outros, não podemos considerar como totalmente desconhecidas as regiões que foram vistas e descritas por homens como La Condamine(*) e Maupertuis(**). O joalheiro

---

(*) La Condamine (1701–1744), matemático e homem de letras, realizou várias expedições, entre as quais uma ao Equador, em 1735, para efetuar medições de modo a determinar a forma exata da Terra. (*N. do T.*)

(**) Maupertuis (1698–1759) foi uma figura importante na difusão do conhecimento no campo da astronomia, da física, da ciência natural, além da filosofia, durante o Iluminismo. Viajou até à Lapónia em 1736 para medir o grau do meridiano terrestre. (*N. do T.*)

Chardin(*), que viajou como Platão, não deixou nada por dizer sobre a Pérsia; a China parece ter sido muito bem observada pelos jesuítas. Kaempfer(**) dá uma ideia razoável do pouco que viu no Japão. À exceção destes relatos, não conhecemos os povos das Índias Orientais, visitados exclusivamente por europeus mais interessados em encher as suas bolsas do que as suas cabeças. A África inteira e os seus numerosos habitantes, tão singulares pelo seu carácter como pela sua cor, estão ainda por estudar; toda a terra está coberta de nações cujo nome não conhecemos, e ainda assim temos a pretensão de ajuizar do género humano! Suponhamos que um Montesquieu, um Buffon, um Diderot, um Duclos, um d'Alembert, um Condillac, ou homens dessa índole, viajavam para instruir os seus compatriotas, observando e descrevendo, como sabem fazer, a Turquia, o Egito, a Berbéria(***), o império de Marrocos, a Guiné, o país dos cafres, no interior da África e as suas costas orientais, os malabares, a Mongólia, as margens do Ganges, os reinos do Sião, de Pegu e de Ava, a China, a Tartária, e, sobretudo, o Japão. Em seguida, no outro hemisfério, o México, o Peru, o Chile, as regiões de Magalhães, sem esquecer os patagónios, verdadeiros ou falsos(****), o Tucumán, o Paraguai, se possível o Brasil, por fim as Caraíbas, a Florida e todas as costas selvagens, a mais

---

(*) Jean Chardin (1643–1713) escreveu uma *Voyage en Perse et aux Indes Orientales* [*Viagem à Pérsia e às Índias Orientais*] que se tornou célebre no século XVIII. (*N. do T.*)

(**) Engelbrecht Kaempfer (1651–1716), médico e botânico alemão. Esteve no Japão de 1690 a 1692. (*N. do T.*)

(***) Antiga designação da região que compreende Marrocos, Argélia e Tunísia. (*N. do T.*)

(****) Rousseau refere-se aqui a uma disputa em torno da veracidade dos relatos que davam conta da altura gigante dos patagónios. Maupertuis era um dos que acreditava na veracidade dos relatos; Buffon recusava essa ideia. (*N. do T.*)

importante viagem de todas e aquela que seria preciso fazer com mais cuidado; supunhamos que estes novos Hércules, de regresso dessas excursões memoráveis, escrevessem de seguida com vagar a história natural, moral e política do que observaram; veríamos então sair um mundo novo da sua pena e aprenderíamos assim a conhecer o nosso. Digo que, no momento em que tais observadores afirmarem de um tal animal que é um homem, e de um outro que é uma besta, teríamos de acreditar neles; mas seria simplista reportar-se sobre este assunto a viajantes vulgares aos quais, por vezes, nos veríamos tentados a fazer a mesma pergunta que eles pretendem responder sobre outros animais.

Nota XI (p. 66)

Isto parece-me perfeitamente óbvio, e não consigo perceber onde os nossos filósofos foram buscar todas as paixões que atribuem ao homem natural. Exceção feita ao que é fisicamente necessário, exigido pela própria natureza, todas as nossas outras carências são-no apenas pelo hábito, antes do qual não constituíam necessidades, ou pelos nossos desejos, não desejando ninguém o que não está em posição de conhecer. Donde se conclui que, como o homem selvagem só deseja as coisas que conhece, e não conhecendo senão aquelas cuja posse está ao seu alcance ou são fáceis de obter, nada deverá ser tão tranquilo quanto a sua alma e nada tão limitado quanto o seu espírito.

Nota XII (p. 70)

Encontro no *Governo Civil* de Locke uma objeção que julgo demasiado especiosa para que me permita ignorá-la. «§79. Como o fim da união entre o macho e a fêmea não é apenas a procriação, mas a continuação da espécie, esta união entre o macho e a fêmea deve perdurar, mesmo após a procriação, tanto quanto for necessário para o alimento e sustento dos jovens, que devem ser sustentados por aqueles que os geraram até serem capazes de se arranjar e de se prover a si mesmos. Vemos as criaturas inferiores obedecerem constantemente a esta regra que o Criador infinitamente sábio impôs às obras que saíram das suas mãos. Nos animais vivíparos que se alimentam de ervas, a união entre o macho e a fêmea não excede a duração do próprio acto de cópula. Tendo em conta que a teta da mãe é suficiente para alimentar as crias até que sejam capazes de comer ervas, o macho limita-se a gerar, mas não se preocupa com a fêmea ou com as crias, para cuja subsistência nada pode contribuir. Mas nos animais de rapina a união dura mais tempo. Como a mãe não é capaz de subsistir sozinha e alimentar as suas numerosas crias apenas com o produto da sua caça, um modo de vida mais laborioso e também mais perigoso do que o dos animais que se alimentam de ervas, a assistência do macho é necessária para a manutenção da sua família comum, a qual não pode subsistir senão mediante os cuidados conjuntos do macho e da fêmea, até que as crias estejam em condições de capturar por si mesmas as suas presas. O mesmo se observa em todas as aves (excepto alguns pássaros domésticos, na medida em que a abundância de comida dispensa o galo de alimentar os pintos): a união entre o macho e a fêmea perdura até que as crias, que precisam de alimento no ninho, sejam capazes de voar e de se prover a si mesmas.

§80. É aqui que penso que reside a razão principal, senão a única, pela qual na espécie humana o macho e a fêmea estão ligados por uma união mais prolongada do que as restantes criaturas, a saber, porque a fêmea é capaz de conceber, e, *de facto*, normalmente volta a engravidar e dá à luz um novo filho muito antes de o anterior sair do estado de dependência relativamente ao auxílio dos pais e de ser capaz de se sustentar e de prescindir de toda a assistência que lhe é devida pelos seus pais. Por essa razão, o pai, que está obrigado a cuidar daqueles que gerou, está sujeito à obrigação de permanecer em sociedade conjugal com a mesma mulher durante mais tempo do que as outras criaturas, cujas crias são capazes de se prover a si mesmas antes de chegar a um novo período de procriação e que reencontram a sua liberdade quando o laço conjugal se dissolve espontaneamente, até o himeneu, por altura do aniversário usual, voltar a convocá-los a escolher novos parceiros. A partir disso, é impossível não admirar a sabedoria do grande Criador, que ao dar ao homem a faculdade de prever e a capacidade de guardar para o futuro, assim como a de prover as necessidades presentes, estabeleceu a necessidade de que a sociedade entre homem e mulher fosse mais duradoura do que a sociedade entre macho e fêmea nas outras criaturas, de modo a encorajar a sua indústria e a unir melhor o seu interesse, com vista a prover e a acumular bens para a descendência comum, algo que seria fortemente perturbado por associações incertas ou por dissoluções fáceis e frequentes da sociedade conjugal.» (*)

O mesmo amor da verdade, que me faz expor sinceramente esta objeção, impele-me a acompanhá-la de algumas notas, senão para a refutar, pelo menos para a esclarecer.

1. Diria, antes de mais, que as provas morais não têm grande força em matéria de Física e que elas servem mais para justificar factos existentes do que para comprovar a existência real desses factos. Porém, é este género de prova que o senhor Locke utiliza na passagem que acabo de citar; porque, embora possa ser vantajoso para a espécie humana

(*) Locke, *Dois Tratados do Governo Civil*, tradução de Miguel Morgado (Lisboa: Edições 70, 2008), «colecção grandes filósofos», pp. 310-312. (*N. do T.*)

que a união entre o homem e a mulher seja permanente, não se segue que isso tenha sido assim estabelecido pela natureza; caso contrário, seria preciso dizer que ela instituiu a sociedade civil, as artes, o comércio e tudo o que se afirma ser útil aos homens.

2. Ignoro onde o senhor Locke tomou conhecimento de que entre os animais de caça a sociedade entre o macho e a fêmea dura mais tempo do que entre aqueles que vivem de pastagem e que um ajuda o outro a alimentar as crias. Pois que não se vê que o cão, o gato, o urso ou o lobo reconheçam mais as suas fêmeas do que o cavalo, o carneiro, o touro, o veado ou que todos os outros animais quadrúpedes não reconheçam as suas. Ao contrário, parece que, se o auxílio do macho era essencial à fêmea para conservar as suas crias, isso seria sobretudo nas espécies que vivem apenas de pastagem, porque a mãe precisa de muito tempo para pastar, e porque durante todo esse intervalo é forçada a negligenciar a sua ninhada, ao passo que a presa de uma ursa ou de uma loba é devorada num instante, ficando ela, porque não sofre de fome, com mais tempo para amamentar as suas crias. Este raciocínio é confirmado por uma observação sobre o número relativo de tetas e de crias que distingue as espécies carnívoras das frugívoras, e sobre as quais falei na Nota VIII. Se esta observação é correta e geral, na medida em que uma mulher tem apenas dois mamilos e quase não tem senão um filho de cada vez, eis mais uma forte razão para duvidar de que a espécie humana seja naturalmente carnívora, de modo que parece que, para extrair a conclusão de Locke, o seu argumento teria de ser completamente invertido. Esta mesma distinção não é mais sólida quando aplicada às aves. Porque quem se convencerá de que a união entre o macho e a fêmea seja mais duradoura entre os abutres e os corvos do que entre as rolas? Temos duas espécies de aves domésticas, o pato e o pombo, que nos oferecem exemplos diretamente contrários

ao sistema deste autor. O pombo que não vive senão de sementes mantém-se unido à sua fêmea e alimentam as suas crias em comum. O pato, cuja voracidade é conhecida, não reconhece nem a sua fêmea nem as suas crias, e nada faz pela sua subsistência; e entre as galinhas, espécie que é pouco menos carnívora, não se vê que o galo se preocupe de todo com a prole. Se noutras espécies o macho partilha com a fêmea o cuidado com a alimentação das crias, é porque as aves, que de início não podem voar e que a mãe não pode amamentar, têm muito menos hipótese de prescindir do pai do que os quadrúpedes a quem basta a teta da mãe, pelo menos durante algum tempo.

3. Há muita incerteza sobre o facto principal que serve de base a todo o raciocínio do senhor Locke; porque para saber, como ele afirma, se no puro estado de natureza a mulher está normalmente grávida e gera uma nova criança muito antes de a primeira ser capaz de satisfazer, por si própria, as suas necessidades, teríamos de efetuar experiências que seguramente Locke não realizou e que ninguém está em condições de fazer. A coabitação contínua entre marido e mulher é uma ocasião tão propícia para se expor a uma nova gravidez que é muito difícil acreditar que o encontro fortuito ou o mero impulso do temperamento produza efeitos tão frequentes no puro estado de natureza como no da sociedade conjugal; uma lentidão que talvez contribua para tornar as crianças mais robustas e que, além disso, poderia ser compensada pela faculdade de conceber estendida até uma idade mais avançada nas mulheres que não tivessem abusado tanto dela na sua juventude. Em relação às crianças, há muitas razões para crer que as suas forças e os seus órgãos se desenvolvam mais tarde entre nós do que no estado primitivo de que falo. A fraqueza original que herdam da constituição dos seus pais, os cuidados que estes têm em envolver e restringir todos os seus membros, a brandura com que são educados, talvez o uso de outro leite

que não o da mãe, tudo contraria e atrasa neles os primeiros progressos da natureza. A aplicação que lhes exigimos a mil coisas sobre as quais fixamos continuamente a sua atenção, enquanto as forças do seu corpo não são exercitadas, pode significar ainda um desvio considerável ao seu crescimento; de modo que, se, em lugar de sobrecarregar e fatigar primeiramente os seus espíritos de mil maneiras, exercitássemos os seus corpos com movimentos contínuos que a natureza parece exigir-lhes, seríamos obrigados a supor que estariam em condição de andar, agir e de prover eles próprios às suas necessidades muito mais cedo.

4. Finalmente, o senhor Locke prova, quando muito, que talvez houvesse no homem um motivo para permanecer ligado à mulher quando ela tem uma criança; mas de modo algum prova que ele devesse ficar ligado a ela antes do parto e durante os nove meses da gravidez. Se a mulher é indiferente ao homem durante esses nove meses, se chega a tornar-se desconhecida para ele, por que razão irá ele socorrê-la após o parto? Por que razão a auxiliará a criar um filho que nem sequer sabe se lhe pertence e cujo nascimento não decidiu nem antecipou? O senhor Locke pressupõe, evidentemente, o que está em causa: porque não se trata de saber o que o levará a ligar-se a ela após a conceção. Uma vez satisfeito o apetite, o homem já não tem necessidade da mulher, nem a mulher do homem. Ele não tem a menor preocupação, nem talvez a menor ideia, das consequências da sua ação. Um vai para um lado, o outro para outro, e não parece que ao fim de nove meses conservem a memória de se terem conhecido; pois que esta espécie de memória pela qual um indivíduo dá a preferência a um outro indivíduo pelo ato da geração exige, como provo neste texto, mais progresso, ou corrupção, no entendimento humano do que podemos pressupor existir nele no estado de animalidade que aqui está em causa. Por conseguinte, uma outra mulher pode contentar os novos

desejos do homem tão prontamente como aquela que ele já conheceu, e um outro homem satisfazer de igual modo a mulher, supondo que ela sente ânsia do mesmo apetite ao longo do estado de gravidez, facto de que podemos razoavelmente duvidar. Se, no estado de natureza, a mulher já não sente a paixão do amor após o parto da criança, então o obstáculo à sua ligação com o homem torna-se ainda maior, porquanto ela já não tem necessidade nem do homem que a fecundou nem de nenhum outro. Não existe, portanto, no homem qualquer razão para procurar a mesma mulher, nem na mulher razão alguma para procurar o mesmo homem. Logo, o raciocínio de Locke cai por terra, e nem toda a dialética deste filósofo o protege do erro que Hobbes e outros cometeram. Eles tinham de explicar um facto do estado de natureza, isto é, de um estado em que os homens viviam isolados, e em que um homem não tinha nenhum motivo para permanecer ao lado de outro, nem porventura os homens de permanecer ao lado uns dos outros, o que é pior. E não lhes ocorreu olhar além dos séculos de sociedade, isto é, para esses tempos em que os homens tinham sempre uma razão para permanecer junto uns dos outros, e em que um homem tem geralmente uma razão para ficar ao lado de outro homem ou mulher.

Nota XIII (p. 71)

Evitarei embarcar em reflexões filosóficas que teriam de ser feitas acerca das vantagens e dos inconvenientes dessa instituição das línguas; não é a mim que deve ser dada licença para atacar os erros vulgares, e o povo letrado respeita demasiado os seus preconceitos para suportar pacientemente os meus supostos paradoxos. Deixemos, pois, falar os indivíduos a quem não foi imputado o crime de terem ousado tomar por vezes o partido da razão contra a opinião da maioria: «Em nada se diminuiria a felicidade do género humano, se, expulsando a funesta e confusa multiplicidade das línguas, os homens se esforçassem por exceler numa arte única e uniforme, na qual teriam a possibilidade de se explicar acerca de todas as coisas por meio de sinais, movimentos e gestos. Mas na situação atual, a condição das bestas que o vulgar classifica de brutos parece, a este respeito, de longe preferível à nossa: não darão elas a conhecer muito mais rapidamente, e talvez mais fielmente, os seus sentimentos e os seus pensamentos, sem qualquer intermediário, e nisso superiores aos homens, sobretudo quando estes recorrem a uma língua estrangeira?» (Isaac Vossius, *De Poematum Cantu et Viribus Rythmi*, p. 66).

Nota XIV (p. 75)

Ao mostrar como as ideias da quantidade discreta e das suas relações são necessárias nas artes mais vulgares, Platão escarnece, com razão, dos autores do seu tempo que afirmavam que Palamedes inventara os números durante o cerco de Tróia, como se, diz este filósofo, Agamémnon ignorasse até então quantos pés tinha.(*) De facto, parece impossível que a sociedade e as artes tivessem chegado ao ponto que chegaram já no tempo do cerco de Tróia sem que os homens conhecessem os números e o cálculo. Mas a necessidade de conhecer os números antes de adquirir outros conhecimentos não torna a sua invenção menos fácil de imaginar; uma vez conhecidos os nomes dos números, é fácil explicar-lhes o sentido e gerar as ideias que esses nomes representam, mas para os inventar foi preciso, antes de conceber essas mesmas ideias, familiarizar-se, por assim dizer, com as meditações filosóficas, ter-se habituado a

(*) Cf. Platão, *República*, 522c-e. (*N. do T.*)

considerar os seres apenas na sua essência e independentemente de qualquer perceção, uma abstração muito penosa, muito metafísica, muito pouco natural e, contudo, sem a qual essas ideias jamais passariam de uma espécie ou de um género a outro, ou os números se tornariam universais. Um selvagem podia considerar separadamente a sua perna direita e a sua perna esquerda, ou observá-las em conjunto a partir da ideia indivisível de um par, sem nunca pensar que tinha duas; porque uma coisa é a ideia representativa que um objeto nos descreve, e outra a ideia numérica que o determina. Era ainda menos capaz de contar até cinco, e embora pudesse notar, sobrepondo uma mão à outra, que os dedos correspondiam exatamente, estava muito longe de pensar a sua igualdade numérica. Desconhecia o número dos seus dedos como dos seus cabelos. E se, após lhe terem explicado o que eram os números, alguém lhe dissesse que tinha o mesmo número de dedos nos pés e nas mãos, teria provavelmente ficado perplexo, quando os comparasse, ao verificar que tal era verdade.

Nota XV (p. 79)

Não se deve confundir amor-próprio [*amour-propre*] com amor de si [*amour de soi-même*], duas paixões muito diferentes pela sua natureza e pelos seus efeitos. O amor de si é um sentimento natural que leva a que todo o animal zele pela sua própria conservação e que, dirigido no homem pela razão e modificado pela piedade, produz a humanidade e a virtude. O amor-próprio não é senão um sentimento relativo, falso e com origem na sociedade, que leva o indivíduo a fazer mais caso de si do que de qualquer outro, que inspira nos homens todos os males que fazem uns aos outros e que é a genuína origem da honra.

Estando isto claro, afirmo que no nosso estado primitivo, no verdadeiro estado de natureza, o amor-próprio não existe; porque, visto que todo o homem se vê a si mesmo como o único espectador que o observa, como o único ser no universo que mostra interesse por ele, como o único juiz do seu próprio mérito, não é possível que um sentimento que tem a sua origem em comparações que não está ao seu alcance fazer, possa germinar na sua alma. Pela mesma razão, este homem não poderia ter nem ódio nem desejo de vingança, paixões que não podem nascer senão da opinião de uma qualquer ofensa sofrida; e como é o desprezo ou a intenção de prejudicar, e não o mal, que constitui a ofensa, aqueles homens que não sabem avaliar-se ou comparar-se podem exercer bastante violência uns sobre os outros, quando está em causa alguma vantagem, sem nunca se ofenderem reciprocamente. Numa palavra, cada homem, porquanto não olharia para a sua espécie muito diferentemente de como olharia os animais de uma outra espécie, pode roubar a presa ao mais frágil ou ceder a sua ao mais forte, desconsiderando estes roubos como meros eventos naturais, sem o menor sentimento de insolência ou de despeito e sem outra paixão que não a dor ou a alegria de um bom ou mau resultado.

Nota XVI (p. 100)

É uma coisa deveras impressionante que, depois de tantos anos a atormentarem-se na tentativa de instruir os selvagens de diversas regiões do mundo na sua maneira de viver, os europeus ainda não tenham sido capazes de convencer um só, nem mesmo com o auxílio do cristianismo; porque os nossos missionários conseguem por vezes fazer deles cristãos, mas nunca homens civilizados. Nada pode superar a invencível repugnância que sentem ao tomar os nossos costumes e viver da nossa maneira. Se esses pobres selvagens são tão infelizes como dizem, por que inconcebível perversão do juízo recusarão eles sempre dar-se uma política semelhante à nossa ou aprender a viver felizes entre nós, enquanto lemos em mil lugares que franceses e outros europeus se refugiaram voluntariamente entre essas nações, passando nelas toda a sua vida sem já conseguir deixar uma tão estranha maneira de viver, e enquanto vemos inclusive missionários de bom senso lamentar com emoção os dias calmos e inocentes que viveram junto desses povos tão desprezados? Se respondermos que não são suficientemente esclarecidos para ajuizar sensatamente do seu estado e do nosso, replicarei que a avaliação da felicidade é menos uma questão da razão do que do sentimento. Por outro lado, esta resposta pode ser voltada contra nós com mais força ainda; pois que há mais distância entre as nossas ideias e a disposição de espírito em que seria preciso estar para entender o gosto que os selvagens têm pela sua maneira de viver do que entre certas ideias dos selvagens e aquelas que podem levá-los a conceber as nossas. De facto, após algumas observações não lhes é difícil ver que todos os nossos esforços se dirigem unicamente para dois objetos, a saber, as comodidades para si e a consideração dos outros. Mas como podemos nós imaginar a espécie de prazer que um selvagem tem em passar a sua vida sozinho no meio dos bosques ou à pesca, ou a soprar numa pobre flauta, sem conseguir arrancar dela uma só nota e sem se preocupar em aprender a tocá-la?

Num certo número de ocasiões, alguns selvagens foram levados a Paris, a Londres e a outras cidades; apressámo-nos a exibir-lhes o nosso luxo, as nossas riquezas e todas as nossas mais úteis e curiosas artes; nada disso provocou senão uma admiração estúpida, sem o menor impulso de desejo. Lembro-me, entre outras, da história de um chefe de uns quaisquer americanos setentrionais que levaram à corte de Inglaterra há uns trinta anos. Passaram-lhe inúmeras coisas diante dos olhos com o fito de encontrar algum presente que lhe agradasse, sem que nada parecesse ser alvo da sua atenção. As nossas armas pareciam-lhe pesadas e desconfortáveis, os nossos sapatos magoavam-lhe os pés, as nossas roupas incomodavam-no, tudo lhe desgostava; por fim, notaram que, ao pegar num cobertor de lã, pareceu mostrar prazer em colocá-lo sobre os ombros; disseram-lhe: «Podereis ao menos reconhecer a utilidade deste objeto?» «Sim», respondeu, «parece-me quase tão bom quanto uma pele de animal.» Não teria sequer dito isso, se tivesse usado as duas à chuva.

Dir-me-ão, talvez, que é o hábito, que liga cada um à sua maneira de viver, que impede os selvagens de sentir o que há de bom na nossa. E neste sentido deve parecer, no mínimo, deveras extraordinário que o hábito tenha mais força para manter os selvagens no gosto da sua miséria do que os europeus no gozo da sua felicidade. Mas para dar a esta última objeção uma resposta à qual não haja sequer uma palavra a dizer, sem mencionar todos os jovens selvagens que, em vão, nos esforçámos por civilizar, sem falar dos gronelandeses e dos habitantes da Islândia, que se tentou educar e alimentar na Dinamarca, tendo todos morrido devido à tristeza e ao desespero, fosse por saudade, fosse no mar, por onde tentaram retomar o seu país a nado. Dar-me-ei por satisfeito citando um único exemplo bem atestado e que ofereço ao exame dos admiradores da ordem política europeia.

«Nem todos os esforços dos missionários holandeses do cabo da Boa Esperança foram capazes de converter um só hotentote. Van der Stel, governador do Cabo, tomando um a seu cargo desde a infância, mandou educá-lo nos princípios da religião cristã e na observância dos usos e costumes da Europa. Vestiram-no faustosamente, ensinaram-lhe diversas línguas e os seus progressos corresponderam inteiramente aos cuidados empreendidos para a sua educação. O governador, porque esperava muito do seu espírito, enviou-o para as índias com um comissário-geral que o empregou proveitosamente nos negócios da companhia. Após a morte do comissário, regressou ao Cabo. Alguns dias depois do seu regresso, numa visita que efetuou a alguns hotentotes seus parentes, tomou a decisão de despir as suas roupas europeias para se vestir com uma pele de ovelha. Regressou ao forte na sua nova indumentária, carregado com um pacote que continha as suas antigas vestes e, colocando-as diante do governador, dirigiu-lhe este discurso: *Tende a bondade, senhor, de notar que renuncio para sempre a estes enfeites. Renuncio também, e para sempre, à religião cristã; a minha resolução é de viver e morrer na religião, nos usos e costumes dos meus antepassados. A única graça que vos peço é a de me deixardes ficar com o colar e com o sabre que uso. Guardá-los-ei em homenagem ao vosso amor.* Imediatamente, sem esperar resposta de Van der Stel, saiu a correr e nunca mais foi visto no Cabo.» *Histoire des voyages*, vol. 5, p. 175.

Nota XVII (p. 106)

Seria possível objetar-me que, numa tal desordem, os homens, em vez de se degolarem obstinadamente, talvez se tivessem dispersado, se não existissem limites à sua dispersão. Mas, em primeiro lugar, esses limites teriam sido, pelo menos, os limites do mundo, e se pensarmos na excessiva população que resulta do estado de natureza, teremos de concluir que a terra, nesse estado, não tardaria a estar coberta de homens forçados desta forma a permanecer reunidos. Aliás, eles teriam dispersado, se o mal fosse passageiro e se constituísse uma alteração feita do dia para a noite; mas eles nasceram sob o jugo; quando lhe sentiram o peso, já tinham o hábito de o carregar e contentavam-se em esperar a oportunidade para o afastar. Por fim, já acostumados a mil comodidades que os obrigavam a permanecer reunidos, a dispersão já não era tão fácil como nos primeiros tempos em que cada um, não sentindo necessidade senão de si mesmo, tomava o seu partido sem esperar o consentimento do outro.

Nota XVIII (p. 108)

O marechal de V****(*) contava que, numa das suas campanhas, quando as excessivas fraudes cometidas por um comerciante de mantimentos trouxe ao exército sofrimento e queixas, o admoestou brutalmente e o ameaçou com a forca. Essa ameaça não me incomoda, respondeu-lhe com ousadia o patife, e estou muito à vontade para vos dizer que não se enforca um homem que dispõe de cem mil escudos. Não sei como é que isso aconteceu, acrescentava ingenuamente o marechal, mas, de facto, não foi enforcado, embora houvesse cem mil razões para o ser.

Nota XIX (p. 122)

Nem a justiça distributiva se compararia com essa igualdade rigorosa do estado de natureza, mesmo que ela fosse praticável na sociedade civil. E como todos os membros do estado lhe devem serviços proporcionais aos seus talentos e às suas forças, os cidadãos, por sua vez, devem ser distinguidos e favorecidos proporcionalmente aos seus serviços. É neste sentido que é preciso ler uma passagem de Isócrates, na qual louva os primeiros atenienses por

---

(*) Trata-se de Louis-Hector, duque de Villars (1653–1734), marechal de França. (*N. do T.*)

terem sabido distinguir claramente qual era a mais benéfica das espécies de igualdade, uma das quais consistindo em repartir os mesmos benefícios por todos os cidadãos indiferentemente, e outra em distribuí-los segundo o mérito de cada um. Estes hábeis políticos, acrescenta o orador, ao banirem essa injusta igualdade que não estabelece qualquer diferença entre os malvados e os homens de bem, aderiram inviolavelmente à que recompensa e pune cada um de acordo com o seu mérito. Porém, em primeiro lugar, nunca existiu qualquer sociedade, independentemente do grau de corrupção que alcançaram, na qual não se estabelecesse alguma diferença entre malvados e homens de bem; e em matérias de costumes em que a lei não pode fixar nenhuma medida suficientemente precisa para servir de regra ao magistrado, é bastante sensato que, para não deixar a sorte ou o estatuto dos cidadãos à sua discrição, ela lhe interdite o julgamento das pessoas deixando-lhe apenas o das ações. Apenas costumes tão puros quanto o dos antigos romanos podem tolerar censores, e semelhantes tribunais teriam de imediato virado tudo do avesso entre nós. Cabe à opinião pública estabelecer a diferença entre os malvados e os homens de bem; o magistrado é juiz somente do direito rigoroso, mas o povo é o verdadeiro juiz dos costumes; juiz íntegro e até esclarecido a este respeito, por vezes enganado, mas nunca corrompido. O estatuto dos cidadãos deve, por conseguinte, ser regulado, não a partir do mérito pessoal, o que seria deixar ao magistrado o meio de fazer uma aplicação quase arbitrária da lei, mas a partir dos serviços reais que prestam ao estado e que são suscetíveis de uma avaliação mais exata.

APÊNDICE

Carta de Voltaire a Jean-Jacques Rousseau

«Delícias», perto de Genebra,
30 de agosto de 1755

Caro senhor, recebi o vosso novo livro contra o género humano, pelo qual vos agradeço. Agradareis aos homens, de quem dizeis a verdade, mas não os ireis corrigir. Jamais foram pintados a cores tão verdadeiras os horrores da sociedade humana, da qual, na nossa ignorância e fraqueza, esperamos tantas consolações. Jamais se empregou tanto espírito no desejo de nos transformarmos em bestas.

Apodera-se de nós o desejo de caminhar nas quatro patas, quando se lê a vossa obra. No entanto, como perdi esse hábito há mais de sessenta anos, sinto, infelizmente, que me é impossível recuperá-lo e deixo essa postura natural para aqueles que sejam mais dignos dela do que vós e eu. Também não posso embarcar para ir conhecer os selvagens ao Canadá, primeiramente porque as doenças às quais estou condenado tornam necessário um médico da

Europa, e, em segundo lugar, porque a guerra alcançou essas paragens, e porque os exemplos que as nossas nações deram tornaram os selvagens quase tão malvados quanto nós. Limito-me a ser um selvagem pacífico na solidão que escolhi junto da vossa pátria onde deveríeis estar.

Concordo consigo quando diz que as belas-letras e as ciências fizeram por vezes bastante mal.

Os inimigos de Tasso(*) fizeram da sua vida uma teia de desgraças, os de Galileu fizeram-no sofrer nas prisões aos setenta anos por ter compreendido o movimento da Terra e, mais vergonhoso ainda, obrigaram-no a retratar-se.

Desde que os vossos amigos iniciaram o dicionário enciclopédico, aqueles que resolveram ser seus rivais acusaram-nos de serem deístas, ateus e mesmo jansenistas. Se ousasse contar-me entre aqueles cujos trabalhos não trouxeram senão perseguições como recompensa, mostrar-vos-ia um grupo de miseráveis dedicados a arruinar-me desde o dia em que estreei a minha tragédia *Édipo*: uma biblioteca de calúnias ridículas publicadas contra mim, um ex-padre jesuíta que salvara da tortura pagar-me o serviço que lhe havia prestado com libelos difamatórios; um homem ainda mais culpado que publica a minha própria obra sobre o século de Luís XIV(**) com notas em que a mais crassa ignorância debita as falsidades mais descaradas, um outro que vende a um livreiro uma suposta história universal com o meu nome, e o livreiro assaz ávido e estúpido para publicar essa teia informe de erros, de falsas datas, de factos e de nomes alterados; enfim, homens cobardes e malvados o suficiente para me imputar essa rapsódia. Mostrar-vos-ia a sociedade infetada por este novo género de homens, desconhecidos por toda a Antiguidade, que não sendo capazes de abraçar uma profissão honesta como a

(*) Torquato Tasso. (*N. do T.*)

(**) *Le siècle de Louis XIV* (1751). (*N. do T.*)

de lacaio ou trabalhador manual, e sabendo infelizmente ler e escrever, se tornam cortesãos da literatura, roubam manuscritos, desfiguram-nos e vendem-nos. Podia queixar-me de que uma brincadeira feita por mim há trinta anos, em torno de um assunto que Chapelain teve a insensatez de levar a sério, corre hoje o mundo graças à infidelidade e ganância infame desses infelizes que a desfiguraram com tanta estultícia quanto malícia e que ao fim de trinta anos vendem por toda a parte essa obra, que já não é certamente minha, antes sua; acrescentaria que alguém ousou procurar nos arquivos mais respeitáveis e roubar uma parte das memórias que deixara aí depositadas quando era historiógrafo da França, vendendo a um livreiro de Paris o fruto do meu trabalho. Pintar-vos-ia a ingratidão, a impostura e a rapacidade que me perseguem até ao sopé dos Alpes e até à beira do meu túmulo.

Mas, caro senhor, admiti também que esses espinhos associados à literatura e à reputação são somente flores em comparação com outros males que sempre inundaram a terra. Admiti que nem Cícero, nem Lucrécio, nem Horácio foram os autores do desterro de Marius, de Sila, desse devasso António, desse imbecil Lépido, desse tirano sem coragem chamado Caio Otávio apelidado tão superficialmente de Augusto.

Admiti que os gracejos de Marot não produziram o São Bartolomeu(*) e que a tragédia do *Cid* não causou as guerras da Fronda; os grandes crimes não foram cometidos senão por conhecidos ignorantes. O que faz e sempre fará deste mundo um vale de lágrimas é a insaciável cupidez e o indomável orgulho dos homens desde Thomas Koulikan, que não sabia ler, até um funcionário que apenas sabe

(*) Voltaire refere-se aqui ao massacre de São Bartolomeu, um ato de repressão contra o protestantismo, ocorrido em agosto de 1572. (*N. do T.*)

contar. As letras alimentam a alma, corrigem-na, consolam-na; e servem a vossa glória no mesmo instante em que escreveis contra elas. Sois como Aquiles, que se encoleriza contra a glória, e como o padre Malebranche, que, com imaginação sublime, escrevia contra a imaginação.

O senhor Chappui informa-me de que a vossa saúde vai muito mal. Talvez fosse necessário vir restabelecer-se com o ar pátrio, gozar a sua liberdade, beber comigo do leite das nossas vacas e pastar as nossas ervas.

Sempre seu, mui filosoficamente e com a mais elevada estima,
Caro senhor, vosso mui humilde e mui obediente servidor

Voltaire

Resposta [a Voltaire]

Paris, 10 de setembro de 1755

Sou eu, caro senhor, que devo agradecer em todos os sentidos. Ao enviar-vos o esboço dos meus tristes devaneios, não julguei dar-vos um presente digno de vós, mas cumprir um dever e prestar-vos uma homenagem que todos nós vos devemos como ao nosso chefe. Sensível, de resto, à honra que prestastes à minha pátria, partilho o reconhecimento dos meus concidadãos e espero que ainda aumente, quando tiverem aproveitado os ensinamentos que podeis dar-lhes. Embelezai o retiro que haveis escolhido; esclarecei um povo digno das vossas lições; e, vós, que sabeis tão bem pintar as virtudes e a liberdade, ensinai-nos a apreciá-las nas nossas casas como nos vossos livros. Todo aquele que se aproxima deve aprender em vós o caminho da glória.

Vedes bem que não aspiro a fazer-nos regressar à nossa estupidez, embora lamente bastante, pela minha parte, a pouca que perdi. No vosso caso, caro senhor, esse regresso constituiria um milagre ao mesmo tempo tão grande e tão nocivo que não caberia senão a Deus operá-lo e ao Diabo querê-lo. Não procureis, pois, caminhar nas quatro patas; ninguém no mundo o conseguiria menos do que vós. Fazeis-nos andar demasiado bem sobre os nossos dois pés para deixardes agora de caminhar sobre os vossos.

Admito todas as desgraças que perseguem os homens célebres nas letras; admito até todos os males associados à humanidade e que parecem independentes dos nossos vãos conhecimentos. Os homens abriram sobre eles próprios tantas fontes de misérias que, quando o acaso os desvia de uma qualquer, não são por isso menos inundados. Além do mais, existe na evolução das coisas ligações ocultas que o vulgo não percebe, mas que não escaparão ao olho do sábio quando nelas quiser refletir. Não foi nem Terêncio, nem Cícero, nem Virgílio, nem Séneca, nem Tácito; não foram nem os eruditos, nem os poetas que produziram as desgraças de Roma e os crimes dos romanos. Mas sem o lento e secreto veneno que corrompia pouco a pouco o mais vigoroso governo que a história mencionou, nem Cícero, nem Lucrécio, nem Salústio teriam existido ou escrito. O amado século de Lélio e de Terêncio ocasionou à distância o rútilo século de Augusto e Horácio, e os séculos horríveis de Séneca e de Nero, os de Domiciano e de Marcial. O gosto pelas letras e pelas artes nasce num povo de um vício interior que cresce; e se é verdade que todos os progressos humanos são perniciosos à espécie, os do espírito e dos conhecimentos que aumentam o nosso orgulho e multiplicam os nossos desvarios, precipitam de imediato os nossos infortúnios. Mas chega um tempo em que o mal é tal que as próprias causas que lhe deram origem são necessárias para o impedir de aumentar; é o sabre que é preciso deixar na ferida, com medo de que o ferido morra ao arrancá-lo. No meu caso, se tivesse seguido a minha primeira vocação, e se não tivesse nem lido nem escrito, teria sem dúvida sido mais feliz. No entanto, se hoje as letras desaparecessem, estaria privado do único prazer que me resta. É nelas que me consolo de todos os meus males, é entre aqueles que as cultivam que gozo os prazeres da amizade e que aprendo a desfrutar a vida sem recear a morte. Devo-lhes o pouco que sou; devo-lhes mesmo a honra de ser por vós conhecido. Mas examinemos a utilidade das nossas questões e a verdade nos nossos textos. Embora sejam necessários filósofos, historiadores, eruditos para esclarecer o mundo e guiar os seus cegos habitantes, se o que me diz o sábio Mémnon(*) é verdade, não conheço loucura maior do que um povo de sábios.

Reconhecei-lo, caro senhor; se é benéfico que grandes génios instruam os homens, é preciso que o vulgo receba os seus ensinamentos. Se todos procurarem oferecê-los, quem os quererá receber? Os coxos, diz Montaigne, não são aptos para os exercícios do corpo, e as almas coxas para os exercícios do espírito.

Mas neste erudito século, não se vê senão coxos quererem aprender a andar como os outros. O povo recebe os textos dos sábios para os julgar, não para se instruir. Nunca se viu tantos tolos. O teatro está cheio deles, os cafés vibram com as suas sentenças; imprimem-nas nos jornais, os cais estão repletos dos seus escritos, e ouço criticar o *Orphelin*(**), porque é aclamado, a um pedante tão pouco capaz de lhe ver os defeitos que dificilmente lhe percebe os encantos.

Procuremos a primeira causa das desordens da sociedade e iremos descobrir que todos os males dos homens lhes chegam muito mais do erro do que da ignorância, e

---

(*) Personagem de um conto de Voltaire intitulado *Memnon ou la sagesse humaine*. (*N. do T.*)

(**) Tragédia de Voltaire representada nesse tempo intitulada *L'Orphelin de la Chine*. (*N. do T.*)

que aquilo que não sabemos nos prejudica muito menos do que aquilo que julgamos saber. Pois bem, que meio mais seguro de cair de erro em erro do que o delírio de saber tudo? Se não se tivesse tido a pretensão de saber que a terra se movia, não se teria punido Galileu por tê-lo dito. Se os filósofos tivessem sido os únicos a reclamar o título, a *Enciclopédia* não teria tido detratores. Se cem mirmidões(*) não aspirassem à glória, gozaríeis em paz a vossa ou, quando muito, não teríeis senão rivais dignos de vós.

Não fiqueis por isso surpreendidos ao sentir que alguns espinhos são inseparáveis das flores que coroam os grandes talentos. As injúrias dos vossos inimigos são as aclamações satíricas que seguem o cortejo dos triunfadores. É a solicitude do público para com os vossos escritos que produz os roubos de que vos queixais. Mas as falsificações não são fáceis, porque nem o ferro nem o chumbo se misturam com o ouro. Permiti-me que vos diga pelo interesse que tomo pelo vosso repouso e pela nossa educação: desprezai vãos clamores pelos quais se procura menos fazer-vos mal do que desviar-vos da ação correta. Quanto mais vos criticarem, mais deveis fazer-vos admirar. Um bom livro é uma terrível resposta a injúrias impressas; e quem vos ousaria atribuir textos que não escrevestes, enquanto os que fizerdes forem inimitáveis?

O vosso convite comove-me; e se este inverno me deixar em condições de ir na primavera habitar a minha pátria, tirarei proveito da vossa gentileza. Mas preferiria beber da água da vossa fonte do que do leite das vossas vacas, e quanto às ervas do vosso pomar, receio bem não encontrar

---

(*) Rousseau usa aqui o termo *myrmidon*, que, na época, significava «homem pequeno». Não se confunda, pois, com os antigos habitantes da Tessália. (*N. do T.*)

aí outras além do lótus, que não é pasto para bestas, e do móli(*), que impede os homens de virem a sê-lo.

Seu, com todo o meu coração e respeito, etc.

(*) A flor de lótus e erva móli são uma referência à *Odisseia* de Homero, canto IX e X respetivamente, na qual são apresentadas como alimentação dos deuses. Segundo Starobinski, esta passagem esconde alguma ironia da parte de Rousseau, porque ambas as plantas estão associadas a encantos que colocaram os companheiros de Ulisses em perigo. (*N. do T.*)

Carta de Philopolis(*) a propósito do Discurso de Jean-Jacques Rousseau

Acabo, senhor, de ler o *Discurso* de Jean-Jacques Rousseau, de Genebra, sobre a origem e os fundamentos da desigualdade entre os homens. Admirei o colorido deste estranho quadro, mas não posso admirar do mesmo modo o desenho e a imagem. Tenho em grande conta o mérito e os talentos do senhor Rousseau, e felicito Genebra, que é igualmente a minha pátria, por poder contar com ele entre os homens célebres que deu ao mundo. Mas lamento que tenha defendido ideias que me parecem tão contrárias à verdade e tão pouco adequadas à felicidade dos homens.

Muito se dirá, sem dúvida, contra este novo *Discurso* como se disse contra aquele que venceu o prémio da Academia de Dijon. E porque muito se escreveu e se escreverá ainda contra o senhor Rousseau, tornaremos ainda mais caro

(*) Pseudónimo de Charles Bonnet (1720–1793). Bonnet foi um biólogo e filósofo genebrino que, em outubro de 1755, escreveu uma carta ao *Mercure de France* a propósito do *Discurso sobre a Desigualdade* de Rousseau. (*N. do T.*)

um paradoxo que ele muito valorizou. Quanto a mim, que não tenho vontade nenhuma de escrever um livro contra o senhor Rousseau, e convencido que estou de que o debate é de todos os meios aquele que menos pode contra este génio intrépido e independente, limito-me a propor-lhe o aprofundamento de raciocínio muito simples e que me parece encerrar o que há de mais essencial na questão.

Ei-lo.

Tudo o que resulta imediatamente das *faculdades* do homem, não deverá dizer-se que resulta da sua *natureza*? Pois bem, creio que se demonstra bastante bem que o *estado de sociedade* resulta imediatamente das faculdades do homem. Não desejo invocar outras provas ao nosso autor senão as suas próprias ideias sobre o estabelecimento das sociedades; ideias engenhosas que exprimiu com tanta elegância na segunda parte do seu *Discurso*. Se, pois, o *estado de sociedade* decorre das faculdades do homem, é *natural* ao homem. Seria, por conseguinte, tão pouco razoável lamentar-se pelo facto de essas faculdades terem gerado esse estado ao longo do seu desenvolvimento quanto seria o de lamentar-se que Deus tenha dado ao homem tais faculdades.

O homem é aquilo que o lugar que ocupa no universo lhe exige. Aparentemente, era preciso homens que construíssem cidades, como era preciso associações de pessoas que construíssem cabanas. Esta *perfetibilidade* a partir da qual o senhor Rousseau baseia o carácter que distingue, essencialmente, o homem da besta, deve, segundo admissão do próprio autor, conduzi-lo ao ponto em que hoje o vemos. Desejar que isto não fosse assim seria desejar que o homem não fosse *homem*. Rastejará a águia que se perde nas nuvens pela terra como a serpente?

O *homem selvagem* do senhor Rousseau, esse homem que ele preza com tanta satisfação, não é de todo *o homem* que Deus quis criar. Mas Deus criou *orangotangos* e *macacos*, que não são homens.

Portanto, quando o senhor Rousseau declama com tanta veemência e obstinação contra o *estado de sociedade*, ele ergue-se *sem pensar nisso*, contra a Vontade Daquele que criou o homem e que ordenou esse estado. *Os factos* serão outra coisa além da expressão da sua Vontade Amorosa? Quando, com o pincel de um Le Brun, traça diante dos nossos olhos a terrível pintura dos males que o estado civil originou, esquece que o planeta em que vê essas coisas faz parte do Todo imenso que não conhecemos, mas que sabemos ser obra de uma Sabedoria Perfeita.

Assim, renunciemos para sempre à quimérica tentativa de provar que o homem seria melhor se fosse de outro modo. Terá a abelha que constrói favos tão regulares o desejo de avaliar a fachada do Louvre? Em nome do bom senso e da razão, tomemos o homem como ele é com todas as suas condicionantes, deixemos o mundo estar como está, e estejamos certos de que está tão bem quanto podia estar.

Se se tratasse de justificar a *Providência* aos olhos dos homens, Leibniz e Pope fizeram-no, e as obras imortais desses génios sublimes são monumentos erguidos à glória da razão. O *Discurso* do senhor Rousseau é um monumento dedicado ao espírito, mas ao espírito melancólico e desgostoso dele próprio e dos outros.

Quando o nosso filósofo quiser consagrar as suas luzes e os seus talentos à descoberta da origem das coisas, a revelar os progressos mais ou menos lentos dos bens e dos males; em suma, a seguir a curva tortuosa que a humanidade descreve, as tentativas deste génio original e fecundo poderão valer-nos conhecimentos preciosos sobre objetos interessantes. Apressar-nos-emos então a recolher esses conhecimentos e a oferecer ao autor o tributo de reconhecimento e de elogios que eles lhe merecerão e que não terão sido, estou certo, o principal fim dos seus estudos.

É causa de espanto, caro senhor, e espantar-me-ia ainda mais, se não tivesse sido levado a refletir sobre as origens da diversidade das opiniões dos homens; existem, digo eu, razões para espanto quando um escritor que tão bem conheceu as vantagens de um bom governo, e pintando-as tão bem na sua bela dedicatória à nossa República, em que acreditou ver todas essas vantagens reunidas, as tenha logo e tão completamente perdido de vista no seu *Discurso*. É em vão que nos esforçamos por acreditar que um escritor, sem dúvida aborrecido por não o levarmos a sério, preferisse realmente ir passar a sua vida nos bosques, se a sua saúde o permitisse, a viver no meio de concidadãos queridos e dignos de tal. Teríamos alguma vez presumido que um escritor que pensa avançasse, num século como o nosso, este estranho paradoxo, que encerra em si mesmo um tão grande número de leviandades, para não dizer algo mais forte: *se a natureza nos destinou à saúde, quase que me atrevo a garantir que o estado reflexivo é um estado contranatura e que o homem que medita é um animal depravado*! (*)

Já o insinuei no início desta carta. O meu intento não é de provar ao senhor Rousseau por meio de argumentos — que muitos outros farão apesar de mim, e talvez seja melhor que não o faça — a superioridade do estado de *cidadão* sobre o estado de *homem selvagem*; quem alguma vez imaginou que isso estaria em causa! O meu objetivo é unicamente o de tentar fazer sentir ao nosso autor quão supérfluas e deslocadas são as suas queixas; e quão evidente é que a *sociedade* se inscreve no destino do nosso ser.

Falei ao senhor Rousseau com toda a sinceridade que a relação de compatriota autoriza. Tenho em tão grande conta as qualidades da sua alma que não imagino por um instante que possa não considerar estas reflexões. Só o amor da verdade mas ditou. No entanto, se no processo possa ter dito algo que tenha desagradado ao senhor

(*) Ver pág. 60. (*N. do T.*)

Rousseau, peço-lhe que me perdoe e que creia na pureza das minhas intenções.

Uma palavra mais, e sobre a *piedade*, essa virtude tão celebrada pelo nosso autor, e que foi, na sua opinião, o mais belo apanágio do homem na infância do mundo. Rogo ao senhor Rousseau que reflita profundamente sobre as seguintes questões: um homem, ou qualquer outro ser *sensível* que nunca tivesse conhecido a dor, possuiria ele *piedade* e comover-se-ia ao ver uma criança degolada? Por que razão a populaça, a que o senhor Rousseau atribui uma tão grande dose de *piedade*, busca com tanta avidez o espetáculo de um desgraçado a morrer na roda?

A *afeição* que as fêmeas dos animais mostram pelas crias, terá ela por objeto as próprias crias ou a mãe? Se por acaso for esta, o bem-estar das crias poderia ser ainda mais bem assegurado.

Sempre seu, etc.

Philopolis, cidadão de Genebra

Genebra, 25 de agosto de 1755.

Carta a Philopolis (1755)

Caro Senhor, é vosso desejo que vos responda, uma vez que me colocastes algumas questões. Trata-se, de resto, de uma obra dedicada aos meus concidadãos; com a sua defesa, justifico a honra que me prestam ao aceitá-la. Deixo de lado tudo o que me diz respeito de bem e de mal na vossa carta, porque um quase compensa o outro, porque tenho por isso pouco interesse, e o público ainda menos, e porque em nada contribui para a demanda da verdade. Começo, portanto, pelo argumento que considerais como essencial para a questão que me esforcei por resolver.

O estado de sociedade, dizeis-me, resulta diretamente das faculdades do homem e, por conseguinte, da sua natureza. Querer que o homem não se torne sociável, seria, como tal, querer que não fosse homem, e que levantar-se contra a sociedade humana seria atacar a obra de Deus. Permiti-me, caro senhor, que vos proponha, por minha vez, uma dificuldade antes de resolver a vossa. Poupá-lo-ia a esse desvio, se conhecesse um caminho mais seguro para atingir o fim.

Suponhamos que alguns sábios encontrassem um dia o segredo para acelerar a velhice e a arte que permitisse aos homens fazer uso dessa singular descoberta. Talvez não fosse tão difícil de os convencer a fazê-lo quanto parece à primeira vista. Porquanto a razão, esse grande veículo de todos os nossos disparates, não nos abandonaria neste caso. Os filósofos, e sobretudo os indivíduos sensatos, para sacudir o jugo das paixões e apreciar o precioso repouso da alma, ganhariam depressa a idade de Nestor, renunciando de boa vontade aos desejos que podemos satisfazer, para se protegerem daqueles que é preciso eliminar. Restariam apenas alguns tolos que, corando até da sua fraqueza, desejariam loucamente continuar jovens e felizes em lugar de envelhecer para se tornarem sábios.

Suponhamos que um espírito singular, bizarro, em suma, um homem de paradoxos, se atrevesse a censurar aos outros a absurdidade das suas máximas, de lhes provar que correm para a morte ao buscar a tranquilidade, que apenas repetem a mesma coisa à força de serem racionais; e que, se é preciso que sejam velhos um dia, deveriam tratar, ao menos, de sê-lo o mais tarde quanto possível.

Não é necessário perguntar se os nossos sofistas, temendo a desmistificação do seu segredo, se apressariam a interromper esse palrador inoportuno: «Sábios anciãos, diriam eles aos seus sectários, agradecei ao Céu pelas graças que vos concede e felicitai-vos sempre por ter tão bem seguido as suas vontades. Estais decrépitos, é verdade, lânguidos, reumáticos; tal é o destino inevitável do homem, mas o vosso entendimento é claro; tendes os membros paralisados, mas a vossa cabeça é mais livre; não sois capazes de agir, mas falais como oráculos; e se as vossas dores aumentam a cada dia, a vossa filosofia aumenta com elas. Lamentai essa juventude impetuosa que se vê privada dos benefícios associados à vossa fraqueza graças à sua saúde brutal. Abençoadas enfermidades que reúnem à vossa volta tantos hábeis farmacêuticos providos de mais drogas do que os males que possuís, tantos médicos doutos que conhecem a fundo o vosso pulso, que sabem os nomes gregos de todos os vossos reumatismos, tantos zelosos consoladores e herdeiros fiéis que vos conduzem agradavelmente à vossa derradeira hora. Quantos amparos não teríeis vós perdido se não tivésseis sabido infligir a vós mesmos os males [*maux*] que os tornaram indispensáveis!»

Imagina-se facilmente que, ao apostrofar de seguida o nosso imprudente alvissareiro, eles lhe falassem mais ou menos desta maneira:

«Declamador temerário, cessai de proferir esses discursos ímpios. Ousais vós culpar assim a vontade daquele que criou o género humano? Não decorrerá o estado de velhice da constituição do homem? Não será envelhecer natural ao homem? Que fazeis vós, então, com esses discursos sediciosos senão atacar uma lei da natureza e, dessa forma, a vontade do seu criador? Uma vez que o homem envelhece, Deus quer que envelheça. Serão os factos outra coisa que não a expressão da Sua vontade? Reconhecei que o jovem não é o homem que Deus quis criar, e que para obedecer prontamente às suas ordens, é preciso apressar-se a envelhecer.»

Assumindo isto, caro senhor, pergunto-vos se o homem de paradoxos deve permanecer em silêncio ou responder, e, neste caso, queira indicar-me o que deve dizer e tratarei então de responder à vossa objeção.

Dado que pretendeis atacar-me a partir do meu próprio sistema, peço-vos que não esqueceis que, na minha opinião, a sociedade é natural à espécie humana como a decrepitude ao indivíduo, e que as artes, as leis, os governos, são tão necessários aos povos como as muletas aos velhos. A única diferença reside no facto de o estado de velhice decorrer da natureza do género humano, não imediatamente como dizeis, mas somente, como eu provei, com o auxílio de certas circunstâncias exteriores que podiam existir ou não existir ou, pelo menos, acontecer mais cedo ou mais tarde e, por conseguinte, acelerar ou atrasar o progresso. Como algumas dessas circunstâncias dependem da vontade dos homens, fui obrigado, a fim de estabelecer uma simetria perfeita, a supor no indivíduo o poder de acelerar a sua velhice como a espécie tem a de retardar a sua. Assim, na medida em que o estado de sociedade possui um fim extremo ao qual os homens são capazes de chegar mais cedo ou mais tarde, não é inútil mostrar-lhes o perigo de caminhar tão depressa e as misérias de uma condição que eles tomam como a perfeição da espécie.

À enumeração dos males que assolam os homens e que defendo serem de sua própria autoria, assegurais-me, Leibniz e vós, que tudo está bem, e que a providência está assim justificada. Estava longe de acreditar que ela tivesse necessidade do auxílio da filosofia leibniziana, ou de qualquer outra, para a sua justificação. Pensais vós seriamente que um sistema de filosofia, seja ele qual for, possa ser mais irrepreensível que o universo, e que, para justificar a Providência, os argumentos de um filósofo sejam mais convincentes do que as obras de Deus? De resto, negar que o mal existe é um meio muito cómodo de desculpar o autor do mal. Outrora, os estoicos entregaram-se ao ridículo por muito menos.

Segundo Leibniz e Pope, tudo o que existe é bom. Se há sociedades, é porque o bem geral quer que elas existam; se não as há, o bem geral não quer que elas existam; se alguém persuadisse os homens a voltar a viver nas florestas, seria bom que aí voltassem a viver. Não se deve aplicar à natureza das coisas uma ideia de bem ou de mal extraída apenas das suas relações; porque as coisas podem ser boas relativamente ao todo, conquanto más em si mesmas. O que contribui para o bem geral pode ser um mal particular, do qual é permitido que nos libertemos se possível. Porque, se este mal, enquanto o suportamos, é útil ao todo, o bem contrário, pelo qual o queremos substituir, não lhe será menos útil assim que tiver lugar. A razão pela qual tudo está bem como é, se alguém se esforçar por alterar o estado de coisas, é a mesma pela qual é bom que esse alguém se esforce por alterá-lo, e se é um bem ou um mal que tenha sucesso, é o que se pode aprender apenas através do acontecimento, e não pela razão. A este respeito, nada impede que o mal particular não seja um mal real para aquele que o sofre. Era bom para o todo que fôssemos civilizados porque o somos, mas teria sido melhor para nós não o sermos. Leibniz nunca teria deduzido nada do seu sistema capaz de combater esta proposição; e é evidente que, quando bem compreendido, o otimismo não faz nada por mim nem contra mim.

Portanto, não é a Leibniz ou a Pope que devo responder mas a vós apenas, que, sem distinguir o mal universal, que eles negam, do mal particular, que não negam, pretendeis que é suficiente que uma coisa exista para que não seja permitido desejar que existisse de outra forma. Mas, caro senhor, se tudo é bem como é, tudo era bem como estava antes de existirem governos e leis; assim, foi, quando muito, supérfluo estabelecê-los, e Jean-Jacques, nesse caso, a partir do vosso sistema, teria tido vida fácil contra Philopolis. Se tudo é bem como é, da maneira como vós o entendeis, para que serve corrigir os nossos vícios, curar os nossos males, corrigir os nossos erros? Para que servem as nossas cátedras, os nossos tribunais, as nossas academias? Para quê chamar um médico quando tendes febre? Como é que podereis saber se o bem da maioria, que vós não conheceis, não exige que tombasses em delírio, e se a saúde dos habitantes de Saturno ou de Sirus não sofreria com o restabelecimento da vossa? Deixar andar tudo como pode andar, a fim de que tudo ande sempre bem. Se tudo é o melhor possível, deveis então condenar qualquer ação insignificante; porque toda a ação, no momento em que ocorre, produz necessariamente alguma alteração no estado em que estão as coisas. Não se pode, portanto, tocar em nada sem causar mal, e o mais perfeito quietismo é a única virtude que resta ao homem. Finalmente, se tudo é bom como é, é bom que haja lapões, esquimós, algonquianos, chicksaws, caribenhos que prescindem da nossa ordem política, hotentotes que se riam dela e um genebrino que concorda com eles. O próprio Leibniz admitiria isto.

O homem, dizeis, é aquilo que o lugar que devia ocupar no universo exige que seja. Mas os homens diferem a tal ponto, conforme os tempos e os lugares, que, com este tipo de lógica, corre-se o risco de inferir, do particular ao universal, certas consequências bastante contraditórias e quase nada concludentes. Basta um erro de geografia para arruinar toda essa pretensa doutrina que deduz o que deve ser do que se vê. São os castores que se escondem nos buracos, dirá o índio; o homem deve dormir ao ar livre, numa cama de rede suspensa nas árvores. Não, não, dirá o tártaro, o homem é feito para dormir numa carroça. Pobres gentes, escreverão os nossos Philopolis com um ar piedoso, não vedes que o homem foi criado para construir cidades? Quando se trata de pensar sobre a natureza humana, o verdadeiro filósofo não é nem índio, nem tártaro, nem de Genebra, nem de Paris, mas homem.

Acredito que o macaco seja um animal, e já dei a razão para isso; que o orangotango também o é, tivestes a bondade de mo ensinar, e confesso que, após os factos que citei, a sua prova me parecia difícil. Filosofais demasiado bem para vos pronunciardes sobre este assunto tão ligeiramente quanto os nossos viajantes, que, sem grandes cerimónias, são lestos a colocar por vezes os seus semelhantes ao nível das bestas. Assim, beneficiareis seguramente o público, e instruireis até os naturalistas, se nos ensinardes os meios que empregastes para decidir sobre esta questão.

Na minha dedicatória, felicitei a minha pátria por ter um dos melhores governos possíveis; no discurso, mostrei que não podiam existir senão muito poucos bons governos. Não vejo onde está a contradição. Mas como sabeis vós, caro senhor, que, se a minha saúde mo permitisse, preferiria ir viver para os bosques a viver entre os meus concidadãos pelos quais conheceis a minha ternura? Estou tão longe de afirmar algo de semelhante na minha obra que deveríeis ter visto nela antes razões muito fortes para não escolher esse tipo de vida. No meu íntimo, sei demasiado bem o pouco que posso prescindir de viver com homens tão corrompidos quanto eu, e até o próprio sábio, se é que existe algum, não irá hoje procurar a felicidade no meio do deserto. Se possível, devemos fixar a nossa morada na própria pátria para a amar e servir. Feliz aquele que, privado dessa oportunidade, pode ao menos viver em amizade na pátria comum do género humano, neste refúgio imenso aberto a todos os homens, onde se comprazem tanto a sábia austeridade quanto a juventude exuberante, onde reinam a humanidade, a hospitalidade, a doçura e todos os encantos de uma sociedade simples; onde o pobre encontra ainda amigos, a virtude exemplos que a animam e a razão guias que a iluminam. É neste grande teatro da fortuna, do vício e, por vezes, de virtudes, que é possível observar com proveito o espetáculo da vida. Mas é no seu próprio país que cada um deveria acabar a sua vida em paz.

Julgo que me censurais com demasiada severidade uma reflexão que me parece bastante justa, e que, correta ou não, não tem no meu texto o sentido que talvez vos agradasse dar-lhe acrescentando-lhe uma letra(*). *Se a natureza nos destinou à santidade*, como me levais a afirmar, *quase que ouso assegurar que o estado de reflexão é um estado contranatura,*

(*) Rousseau faz alusão ao erro de leitura de Philopolis que leu *sainteté* [santidade] em lugar de *santé* [saúde]. (*N. do T.*)

e que o homem que medita é um animal depravado. Confesso que se eu tivesse confundido desta forma a saúde com a santidade, e caso a proposição fosse de facto verdadeira, teria julgado muito adequado tornar-me eu próprio um grande santo no outro mundo ou, quando muito, a manter sempre uma boa saúde neste.

Termino, caro senhor, respondendo às últimas questões. Não abusarei do tempo que me concedestes para refletir; tive esse cuidado de antemão.

Um homem, ou qualquer outro ser sensível que nunca tivesse conhecido a dor, sentiria piedade e emoção ao assistir ao homicídio de uma criança? Eu respondo que não.

Porque é que a populaça, a quem Rousseau atribui uma tão grande piedade, se sacia com tanta avidez com o espetáculo de um infeliz moribundo na roda? Pela mesma razão que ides chorar ao teatro, e ver Séide(*) assassinar o pai, ou Thyeste(**) beber o sangue do seu filho. A piedade é um sentimento tão encantador que não é estranho que se procure senti-lo. De resto, todos sentem uma curiosidade secreta em estudar os movimentos da natureza quando se aproxima esse terrível momento que ninguém pode evitar. Juntai a isso o prazer de ser durante dois meses o orador do bairro e de narrar pateticamente aos vizinhos a bela morte do último supliciado.

O afeto que as fêmeas dos animais testemunham pelas suas crias, terá ele como objeto essas crias ou a mãe? Primeiro a mãe pela sua necessidade, depois as crias por hábito. Disse-o no Discurso. *Se por acaso fosse ela, o bem-estar das crias estaria mais assegurado.* Também penso assim. No entanto, esta máxima, mais do que alargada, exige ser restringida; porque, logo que os pintainhos nascem, não se vê que a galinha tenha alguma necessidade deles e, porém, a sua ternura materna não diminui em nada.

(*) Personagem da peça *Mahomet* (1741) de Voltaire. (*N. do T.*)

(**) Personagem da peça *Atrée et Thyeste* (1707) de Crébillon. (*N. do T.*)

Aqui estão, caro senhor, as minhas respostas. Notai, aliás, que nesta questão como na do primeiro Discurso sou sempre o monstro que defende que o homem é naturalmente bom e os meus adversários os homens honestos que, para edificação do público, se esforçam por provar que a natureza não cria senão malfeitores.

Sempre seu, tanto quanto se pode ser de alguém que não se conhece. Senhor, etc.

Resposta a um naturalista(*)

Não sei que semelhança é essa, e também não sei por que razão, na ausência de frutos, o homem não pastaria a erva, os brotos, e não usaria as mãos ou garras para desenterrar raízes, como faziam até com bastante frequência muitos de nós em lugares desertos [onde viviam de raízes durante muito tempo]. Além disso, falam-me sempre de longos invernos e não prestamos atenção ao facto de em mais de metade da terra quase não haver inverno, de as árvores não perderem a folha e haver frutos todo o ano. As objeções que me colocam são sempre tiradas de [uma qualquer] Paris, de Londres ou de qualquer outro canto do mundo; quanto a mim, tento encontrar as minhas unicamente no próprio mundo(**).

(*) Georges Leroy (1723–1789) é o autor das objeções comunicadas a Rousseau por Condillac a 7 de setembro de 1756. (*N. do T.*)

(**) As críticas de Leroy referem-se à Nota IV: «... O homem, se fosse frugívoro e errante, morreria de fome durante cinco ou seis meses do ano. Os frutos farinhentos, como a bolota, a castanha, etc., são aqueles que se conservam mais tempo. Mas tudo apodrece ou germina no mês

A dificuldade que os carnívoros têm em caçar a sua presa nos países desbravados e cultivados pelos homens talvez não fosse a mesma se toda a terra estivesse abandonada. É certo que podeis colocar um gato ou um lobo numa posição tal que a preocupação com o seu alimento não lhe custará vinte minutos em vinte e quatro horas; mas seja qual for a hipótese, será sempre preciso que um cavalo ou um boi empreguem várias horas a pastar, de modo que a desvantagem será geralmente para estes. De resto, qualquer observação que se fizer sobre os factos particulares, a prova de que tudo está bem regulado extrai-se de um facto geral e incontestável: o de que todas as espécies sobrevivem. Mas eu sei que podemos sempre enganar-nos, e eu sobretudo, sobre a escolha e a aplicação das regras.(*)

---

de abril...» *in* Vaughn, *The Political Writings of J.-J. Rousseau*, Cambridge, 1915, t.1, p. 512). (*N. do T.*)

(*) Resposta a uma crítica à Nota VIII: «As lebres, os coelhos e muitos outros animais frugívoros têm até sete ou oito crias; e os carnívoros que os comem, como doninhas, etc., não têm mais... Não é, portanto, a facilidade em viver que determina o número de filhos. Supomos sempre que tudo está bem regulado na natureza. Verificai os factos e vereis que nem tudo está tão bem regulado.» (*N. do T.*)

Índice

Nota do tradutor. 7

Introdução
Rousseau e a indignação face às desigualdades 9

JEAN-JACQUES ROUSSEAU
DISCURSO SOBRE A ORIGEM
E OS FUNDAMENTOS DA DESIGUALDADE
ENTRE OS HOMENS

Discurso sobre a origem e os fundamentos
da desigualdade entre os homens. 23
Dedicatória 25
Prefácio. 39
Questão proposta pela Academia de Dijon: 47
Advertência sobre as notas. 49
Discurso sobre a origem e os fundamentos
da desigualdade entre os homens. 51
Primeira Parte 55
Segunda Parte 91

Notas 129
Nota I (p. 27) 129
Nota II (p. 39) 130
Nota III (p. 55) 131
Nota IV (p. 56) 133
Nota V (p. 56) 135
Nota VI (p. 57) 136
Nota VII (p. 59) 139
Nota VIII (p. 59) 139
Nota IX (p. 65) 140
Nota X (p. 66) 150
Nota XI (p. 66) 161
Nota XII (p. 70) 161
Nota XIII (p. 71) 167
Nota XIV (p. 75) 168
Nota XV (p. 79) 169
Nota XVI (p. 100) 170
Nota XVII (p. 106) 173
Nota XVIII (p. 108) 174
Nota XIX (p. 122) 174

APÊNDICE

Carta de Voltaire a Jean-Jacques Rousseau 179
Resposta [a Voltaire] 183
Carta de Philopolis a propósito do Discurso de Jean-Jacques Rousseau 189
Carta a Philopolis (1755) 195
Resposta a um naturalista 205

TEXTOS FILOSÓFICOS

1. *Crítica da Razão Prática*, Immanuel Kant
2. *Investigação sobre o Entendimento Humano*, David Hume
3. *Crepúsculo dos Ídolos*, Friedrich Nietzsche
4. *Discurso de Metafísica*, Immanuel Kant
5. *Os Progressos da Metafísica*, Immanuel Kant
6. *Regras para a Direcção do Espírito*, René Descartes
7. *Fundamentação da Metafísica dos Costumes*, Immanuel Kant
8. *A Ideia da Fenomenologia*, Edmund Husserl
9. *Discurso do Método*, René Descartes
10. *Ponto de Vista Explicativo da Minha Obra de Escritor*, Sören Kierkegaard
11. *A Filosofia na Idade Trágica dos Gregos*, Friedrich Nietzsche
12. *Carta sobre a Tolerância*, John Locke
13. *Prolegómenos a Toda a Metafísica Futura*, Immanuel Kant
14. *Tratado da Reforma do Entendimento*, Bento de Espinosa
15. *Simbolismo: Seu Significado e Efeito*, Alfred North Withehead
16. *Ensaio sobre os Dados Imediatos da Consciência*, Henri Bergson
17. *Enciclopédia das Ciência Filosóficas em Epítome (Vol. I)*, Georg Wilhelm Friedrich Hegel
18. *A Paz Perpétua e Outros Opúsculos*, Immanuel Kant
19. *Diálogo sobre a Felicidade*, Santo Agostinho
20. *Princípios da Filosofia do Futuro*, Ludwig Feuerbach
21. *Enciclopédia das Ciência Filosóficas em Epítome (Vol. II)*, Georg Wilhelm Friedrich Hegel
22. *Manuscritos Económico-Filosóficos*, Karl Marx
23. *Propedêutica Filosófica*, Georg Wilhelm Friedrich Hegel
24. *O Anticristo*, Friedrich Nietzsche
25. *Discurso sobre a Dignidade do Homem*, Giovanni Pico della Mirandola
26. *Ecce Homo*, Friedrich Nietzsche
27. *O Materialismo Racional*, Gaston Bachelard
28. *Princípios Metafísicos da Ciência da Natureza*, Immanuel Kant
29. *Diálogo de um Filósofo Cristão e de um Filósofo Chinês*, Nicholas Malebranche
30. *O Sistema da Vida Ética*, Georg Wilhelm Friedrich Hegel
31. *Introdução à História da Filosofia*, Georg Wilhelm Friedrich Hegel
32. *As Conferências de Paris*, Edmund Husserl
33. *Teoria das Concepções do Mundo*, Wilhelm Dilthey
34. *A Religião nos Limites da Simples Razão*, Immanuel Kant
35. *Enciclopédia das Ciência Filosóficas em Epítome (Vol. III)*, Georg Wilhelm Friedrich Hegel
36. *Investigações Filosóficas sobre a Essência da Liberdade Humana*, F. W. J. Schelling
37. *O Conflito das Faculdades*, Immanuel Kant
38. *Morte e Sobrevivência*, Max Scheler
39. *A Razão na História*, Georg Wilhelm Friedrich Hegel
40. *O Novo Espírito Científico*, Gaston Bachelard
41. *Sobre a Metafísica do Ser no Tempo*, Henrique de Gand
42. *Princípios de Filosofia*, René Descartes
43. *Tratado do Primeiro Princípio*, João Duns Escoto
44. *Ensaio sobre a Verdadeira Origem, Extensão e Fim do Governo Civil*, John Locke
45. *A Unidade do Intelecto contra os Averroístas*, São Tomás de Aquino
46. *A Guerra e A Queixa da Paz*, Erasmo de Roterdão
47. *Lições sobre a Vocação do Sábio*, Johann Gottlieb Fichte
48. *Dos Deveres (De Officiis)*, Cícero
49. *Da Alma (De Anima)*, Aristóteles
50. *A Evolução Criadora*, Henri Bergson
51. *Psicologia e Compreensão*, Wilhelm Dilthey
52. *Deus e a Filosofia*, Étienne Gilson
53. *Metafísica dos Costumes, Parte I, Princípios Metafísicos da Doutrina do Direito*, Immanuel Kant
54. *Metafísica dos Costumes, Parte II, Princípios Metafísicos da Doutrina da Virtude*, Immanuel Kant
55. *Leis. Vol. I*, Platão
58. *Diálogos sobre a Religião Natural*, David Hume
59. *Sobre a Liberdade*, John Stuart Mill
60. *Dois Tratados do Governo Civil*, John Locke
61. *Nova Atlântida* e *A Grande Instauração*, Francis Bacon
62. *Do Espírito das Leis*, Montesquieu
63. *Observações sobre o sentimento do belo e do sublime* e *Ensaio sobre as doenças mentais*, Immanuel Kant

64. *Sobre a Pedagogia,* Immanuel Kant
65. *Pensamentos Filosóficos,* Denis Diderot
66. *Uma Investigação Filosófica acerca da Origem das nossas Ideias do Sublime e do Belo,* Edmund Burke
67. *Autobiografia,* John Stuart Mill
68. *Explicação do Pai Nosso,* Martinho Lutero
69. *Arrependimento e Renascimento,* Max Scheler
70. *Discurso sobre as Ciências e as Artes* seguido de *Cartas sobre a Polémica,* Jean-Jacques Rousseau
71. *Alguns Pensamentos sobre a Educação,* John Locke
72. *Escritos sobre o Terramoto de Lisboa,* Immanuel Kant
73. *As Duas Fontes da Moral e da Religião,* Henri Bergosn
74. *Pequeno Manuel de Candidatura Política,* Marco Túlio Cícero
75. *Nova Dedução do Direito Natural,* F. W. J. Schelling